西白虎 · 二

낭송 서유기

낭송Q시리즈 서백호 02
낭송 서유기

발행일 초판4쇄 2024년 10월 10일(甲辰年 甲戌月 丁未日)
지은이 오승은 | **풀어 읽은이** 최정옥 | **펴낸곳** 북드라망 | **펴낸이** 김현경
주소 서울시 종로구 사직로8길 34 307호(경희궁의아침 3단지) |
전화 02-739-9918 | **이메일** bookdramang@gmail.com

ISBN 978-89-97969-54-8 04820 978-89-97969-37-1(세트) | 이 도서의 국립중앙도서관 출판시도서목록(CIP)은 서지정보유통지원시스템 홈페이지(http://seoji.nl.go.kr)와 국가자료공동목록시스템(http://www.nl.go.kr/kolisnet)에서 이용하실 수 있습니다.(CIP제어번호: CIP2015001988) | 이 책은 저작권자와 북드라망의 독점계약에 의해 출간되었으므로 무단전재와 무단복제를 금합니다. 잘못 만들어진 책은 서점에서 바꿔 드립니다.

책으로 여는 지혜의 인드라망, 북드라망 **www.bookdramang.com**

낭송
Q
시리즈

서백호
02

낭송
서유기

오승은
지음

최정옥
풀어
읽음

고미숙
기획

▶낭송Q시리즈 『낭송 서유기』 사용설명서◀

1. '낭송Q'시리즈의 '낭송Q'는 '낭송의 달인 호모 큐라스'의 약자입니다. '큐라스'(curas)는 '케어'(care)의 어원인 라틴어로 배려, 보살핌, 관리, 집필, 치유 등의 뜻이 있습니다. '호모 큐라스'는 고전평론가 고미숙이 만든 조어로, 자기배려를 하는 사람, 즉 자신의 욕망과 호흡의 불균형을 조절하는 능력을 지닌 사람을 뜻하며, 낭송의 달인이 호모 큐라스인 까닭은 고전을 낭송함으로써 내 몸과 우주가 감응하게 하는 것이야말로 최고의 양생법이자, 자기배려이기 때문입니다(낭송의 인문학적 배경에 대해 더 궁금하신 분들은 고미숙이 쓴 『낭송의 달인 호모 큐라스』를 참고해 주십시오).

2. 낭송Q시리즈는 '낭송'을 위한 책입니다. 따라서 이 책은 꼭 소리 내어 읽어 주시고, 나아가 짧은 구절이라도 암송해 보실 때 더욱 빛을 발합니다. 머리와 입이 하나가 되어 책이 없어도 내 몸 안에서 소리가 흘러나오는 것, 그것이 바로 낭송입니다. 이를 위해 낭송Q시리즈의 책들은 모두 수십 개의 짧은 장들로 이루어져 있습니다. 암송에 도전해 볼 수 있는 분량들로 나누어 각 고전의 맛을 머리로, 몸으로 느낄 수 있도록 각 책의 '풀어 읽은이'들이 고심했습니다.

3. 낭송Q시리즈 아래로는 동청룡, 남주작, 서백호, 북현무라는 작은 묶음이 있습니다. 이 이름들은 동양 별자리 28수(宿)에서 빌려 온 것으로 각각 사계절과 음양오행의 기운을 품은 고전들을 배치했습니다. 또 각 별자리의 서두에는 판소리계 소설을, 마무리에는 『동의보감』을 네 편으로 나누어 하나씩 넣었고, 그 사이에는 유교와 불교의 경전, 그리고 동아시아 최고의 명문장들을 배열했습니다. 낭송Q시리즈를 통해 우리 안의 사계를 일깨우고, 유(儒)·불(佛)·도(道) 삼교회통의 비전을 구현하고자 한 까닭입니다. 아래의 설명을 참조하셔서 먼저 낭송해 볼 고전을 골라 보시기 바랍니다.

▷ 동청룡: 『낭송 춘향전』, 『낭송 논어/맹자』, 『낭송 아함경』, 『낭송 열자』, 『낭송 열하일기』, 『낭송 전습록』, 『낭송 동의보감 내경편』으로 구성되어 있습니다. 동쪽은 오행상으로 목(木)의 기운에 해당하며, 목은 색으로는 푸른색, 계절상으로는 봄에 해당합니다. 하여 푸른 봄, 청춘(靑春)의 기운이 가득한 작품들을 선별했습니다. 또한 목은 새로운 시작을 의미하기도 합

니다. 청춘의 열정으로 새로운 비전을 탐구하고 싶다면 동청룡의 고전과 만나 보세요.

▶ 남주작 : 『낭송 변강쇠전/적벽가』 『낭송 금강경 외』 『낭송 삼국지』 『낭송 장자』 『낭송 주자어류』 『낭송 홍루몽』 『낭송 동의보감 외형편』으로 구성되어 있습니다. 남쪽은 오행상 화(火)의 기운에 속합니다. 화는 색으로는 붉은색, 계절상으로는 여름입니다. 하여, 화기의 특징은 발산력과 표현력입니다. 자신감이 부족해지거나 자꾸 움츠러들 때 남주작의 고전들을 큰소리로 낭송해 보세요.

▶ 서백호 : 『낭송 흥보전』 『낭송 서유기』 『낭송 선어록』 『낭송 손자병법/오기병법』 『낭송 이옥』 『낭송 한비자』 『낭송 동의보감 잡병편 (1)』로 구성되어 있습니다. 서쪽은 오행상 금(金)의 기운에 속합니다. 금은 색으로는 흰색, 계절상으로는 가을입니다. 가을은 심판의 계절, 열매를 맺기 위해 불필요한 것들을 모두 떨궈내는 기운이 가득한 때입니다. 그러니 생활이 늘 산만하고 분주한 분들에게 제격입니다. 서백호 고전들의 울림이 냉철한 결단력을 만들어 줄 테니까요.

▶ 북현무 : 『낭송 토끼전/심청전』 『낭송 노자』 『낭송 대승기신론』 『낭송 동의수세보원』 『낭송 사기열전』 『낭송 18세기 소품문』 『낭송 동의보감 잡병편 (2)』로 구성되어 있습니다. 북쪽은 오행상 수(水)의 기운에 속합니다. 수는 색으로는 검은색, 계절상으로는 겨울입니다. 수는 우리 몸에서 신장의 기운과 통합니다. 신장이 튼튼하면 청력이 좋고 유머감각이 탁월합니다. 하여 수는 지혜와 상상력, 예지력과도 연결됩니다. 물처럼 '유동하는 지성'을 갖추고 싶다면 북현무의 고전들과 함께해야 합니다.

4. 이 책 『낭송 서유기』는 이탁오(李卓吾) 비평본(批評本), 『서유기교주』(西遊記校注) 전자책(yuedu.baidu.com/ebook/0ab2967333687e21ae45a937?f=read#)을 대본으로 가려 뽑고 번역한 발췌 편역본입니다.

차 례

『서유기』는 어떤 책인가 : 길을 간다면 이들처럼! 10

1. 손오공, 삼장법사를 만나다 19

1-1. 돌원숭이의 탄생 20
1-2. 손오공이라는 이름을 얻다 23
1-3. 근두운 타는 법을 익히다 26
1-4. 제천대성 손오공, 천궁을 뒤집다 30
1-5. 변신술 대결, 나 잡아봐라! ① 34
1-6. 변신술 대결, 나 잡아봐라! ② 39
1-7. 오행산에 갇힌 손오공 44
1-8. 경전을 구하러 떠나는 삼장법사 48
1-9. 손오공을 구한 삼장법사 53
1-10. 삼장법사의 제자가 된 손오공 56

2. 좌충우돌, 밴드의 결성 59

2-1. 넌 어찌 이리도 자비심이 없느냐! 60
2-2. 「긴고주」를 외어 손오공을 제압하는 삼장법사 65
2-3. 삼장법사의 은밀한 호위단 69

2-4. 재물을 자랑하다 곤경에 빠지다 72
2-5. 저팔계와 만난 손오공 76
2-6. 제자가 된 저팔계 80
2-7. 항상 배고픈 저팔계 83
2-8. 유사하의 괴물 사오정을 만나다 86
2-9. 몸소 다녀야만 고해를 초탈할 수 있지 90
2-10. 귀의한 사오정 94

3. 티격태격 가는 길 97

3-1. 인삼과를 훔치다① 98
3-2. 인삼과를 훔치다② 103
3-3. 인삼과를 훔치다③ 107
3-4. 인삼과를 훔치다④ 111
3-5. 더 이상 너를 제자로 삼지 않겠다! 115
3-6. 손오공 형님에게 도움을 청합시다 119
3-7. 손오공을 찾아간 저팔계 123
3-8. 우물에서 시체를 업고 나온 저팔계 126
3-9. 살려 달라는 목소리가 들리지 않느냐? 131
3-10. 끌어주고 밀어주며 가는 길 135

4. "아프냐? 나도 아프다!" 137

- 4-1. 화가 난 삼장법사 138
- 4-2. 일촉즉발! 141
- 4-3. 화염산에 도착하다 146
- 4-4. 철부채 신선에게 부채를 빌려라 149
- 4-5. 제세국의 불탑을 청소하여 마음의 때를 지우다 153
- 4-6. '똥길'을 청소해서 중생을 구제하다① 157
- 4-7. '똥길'을 청소해서 중생을 구제하다② 160
- 4-8. 사부님은 팔계만 편애하시는군요 163
- 4-9. 거위 우리 속의 아이들 167

5. 마지막 문턱을 넘다 171

- 5-1. 모든 불교 경전은 오직 마음을 닦는 것 172
- 5-2. 미운 정 고운 정 175
- 5-3. 무기를 항상 몸에 지니듯, 도는 잠시라도 떨어질 수 없는 것 181
- 5-4. 봉선군에 비를 내려주세요 184
- 5-5. 관음보살이 나타나 앞길을 경계시키다 188
- 5-6. 요괴에게 잡힌 삼장법사와 어느 나무꾼 191
- 5-7. 소머리 요괴들에게 납치당한 삼장법사 194
- 5-8. 부마가 된 삼장법사 198
- 5-9. 여행은 멈추지 않는 것 203
- 5-10. 영취산에 도착한 일행 206

6. 길은 다시 시작된다 209

6-1. 외나무다리 능운도 건너기 210
6-2. 피안에 오르다 214
6-3. 무자(無字) 경전을 받고 돌아가는 삼장법사 217
6-4. 경전을 싣고 당나라로 돌아가는 길 220
6-5. 고난은 아직 끝나지 않았다① 222
6-6. 고난은 아직 끝나지 않았다② 225
6-7. 고난은 아직 끝나지 않았다③ 228
6-8. 진인은 그 모습을 드러내지 않고, 얼굴을 드러낸 자는 진인이 아니다 231
6-9. 장안으로 돌아온 삼장법사 233
6-10. 취경을 마치고 236

『서유기』는 어떤 책인가
길을 간다면 이들처럼!

1. 『서유기』, 무자(無字) 경전의 깨달음

『서유기』는 당나라의 삼장법사가 인도로 불경을 구하러 가는 여행기이다. 실존인물인 당의 고승 현장玄奘, 602~664의 구법기를 모티프로 하여, 허구적 인물인 손오공, 저팔계, 사오정이 그의 제자가 되어 16년간 온갖 역경을 이겨내고 인도에 도착해 불경을 구해서 귀국한다는 내용이다. 중국에서 인도까지! 이들이 거쳐 간 곳은 서역이라고 불린 중앙아시아의 오아시스국가들, 북인도의 많은 나라들이었다. 이들은 타림분지, 타클라마칸사막, 톈산산맥, 힌두쿠시산맥, 갠지스강과 인더스강을 지나야 했고, 사막의 전갈과 강의 악어떼, 숲속의 호랑이와 코끼리, 풍토병 등을 겪어야 했다. 한마디로 이들의 여행은 고생길 그 자체였다. 하루도 아니고, 일 년도 아니고 16년을 쉬지 않았다. 오로지 걸을 뿐! 여행을 가능하게 했던 것은 불경을 얻겠다는 일념, 깨달음을 얻겠다는 일념, 그것뿐이었다.

삼장법사 일행은 걷고 또 걸었다. 마침내 석가여래가 있는 영취산에 도착했다. 석가여래로부터 경전도 받았다. 그런데 이게 어쩌된 일인가! 그들이 받은 경전 안에는 아무런 글자도 쓰여 있지 않았다. 무자無字 경전! 삼장법사의 심정을 어떻게 표현할 수 있을까. 황당하기 그지없다. 16년의 대가치고는 고약하다. 배신감에 미치고 팔짝 뛸 노릇이다. 하지만 너무 노여워하지 말자. 이 한 장면에 『서유기』 100회의 진수가 녹아 있기 때문이다.

　길을 갈 때 우리는 이 길 끝에 무엇인가가 있을 거라고 기대한다. 여행을 계획할 때뿐 아니라 삶에서도 목적지나 목표를 설정하고, 그것을 달성하기 위해서 노력한다. 목표한 바를 이뤘으면 성공이고 그렇지 않으면 실패라고 생각한다. 삼장법사 일행도 불경을 얻으려고 나선 길이었다. 그런데 목적지에 도착해 보니 목표한 것이 거기에 없었다! 그렇다면 이 여행은 실패인가? 그건 아니다. 결과물이 여행의 끝에 없었던 것이 아니라, 이들은 이미 길을 걷는 과정에서 목표한 바를 달성했기 때문이다. 이들은 길에서 깨달음을 얻었던 것이다. 길에 나선다는 것은, 길을 걷는다는 것은 그 행위 자체에 의의가 있지 어디에 도달하기 위해서가 아니기 때문이다. 길은 과정을 중시한다. 길을 온전히 걷는 행위 그 자체에 최선을 다한 자들은 이미 걷는 행위 그 자체로 자신들이 목표로 한 것을 이루고 있다. 걸어가는 매순간이 깨달음이었던 것! 그렇기에 손오공은 항상 이렇게 말했다.

사부님은 고생스럽게 이국異國을 제 발로 걸으셔야 해. 그렇지 않고서는 고해苦海를 초탈하실 수 없어. 때문에 한 걸음씩 어렵게 길을 가는 거지. 너와 나는 사부님의 몸과 생명을 보호할 수 있을 뿐, 대신해서 이 고뇌를 없애 준다거나 불경을 대신 받거나 할 수 없어. 가령 우리가 먼저 달려가서 부처님을 뵙고 불경을 달라고 해도 부처님은 불경을 우리에게 주려고 하지 않으실 거야. 이건 바로 '쉽게 얻은 것은 등한시하기 마련'이라는 이치지. (본문 2-9장)

2. 『낭송 서유기』는?

자기 발로 한 걸음씩 가는 여정이 깨달음 그 자체인 고로, 『낭송 서유기』도 그 길을 충실히 밟으려 했다. 다시 말해 100회본 『서유기』의 시간 '순서'를 그대로 따랐다. 시간이 흐르고 공간이 바뀌면서 여행은 이들에게 어떤 의미가 되었는지, 이들은 길을 걸어감으로써 어떻게 변화했는지, 동료들끼리 혹은 스승과 제자 간에 함께 길을 갈 때 무슨 일들이 일어나는지 등을 보여 주고자 했다.

제1부는 「손오공, 삼장법사를 만나다」란 제목으로, 우리가 익히 알고 있듯 돌원숭이가 손오공孫悟空이 되고, 제천대성齊天大聖이 되고, 손행자孫行者가 되는 과정과 그가 변신술 등을 익혀 천궁과 용궁, 염라국에서 소란을 피워 오행산에 갇히는 장면들을 주로 담았다. 또한 삼장법사가 길을 떠나게 되는 장면과 손오공과의 만남 장면도 실었다.

제2부와 제3부는 삼장법사가 저팔계豬八戒와 사오정沙悟淨을 만나 제자로 거둬들이는 장면과 또 완전 다른 이력의 소유자들이 밴드가 되어 길을 갈 때 발생할 수밖에 없는 우정, 의리, 미움, 질투, 믿음 등등 상호 좌충우돌하는 에피소드로 채웠다.

제4부는 「"아프냐? 나도 아프다!"」라는 제목으로, 길 위에서 맺은 인연들과 타인에의 공감 및 중생구제의 에피소드들을 담았다. 자신들이 가야 할 길을 내기 위해서라도 일행은 타인의 삶에 주의하고 공감하고 그들을 위해 요괴들을 무찔러야 했다. 이런 일

련의 사건을 통해서 자비심이 없다고, 자기만 안다고 항상 삼장법사에게 구박받던 손오공과 저팔계가 점차 변해 가는 모습에도 주의했다.

제5부는 길을 가면서 겪게 되고, 보게 되는 사소한(?) 것들에 대한 장면을 모았다. 인도에 도착했다는 성취감이 주는 섣부른 환호나 들뜸 및 방심, 그리고 이들의 취경取經에 온 세상이 연기緣起적으로 맞물려 있음을 알게 되었을 때 갖는 환희 등등을 말이다.

제6부는 영취산에 도착한 이후의 에피소드들을 모았다. 이제 무사히 목적지에 도달해서 고생 끝, 행복 시작이라고 생각했는데, 난데없이 또다시 시련이다. 아난과 가섭이 그들에게 무자無字 경전을 전해 준 것은 물론이고, 한술 더 떠 석가여래는 전해 준 경전의 숫자와 여행일수를 맞추라며 구름에 태워 보내거나 '구구 팔십일'이라면서 81난難을 꼭 채우라니 굳이 고난 상황을 연출하기도 했다. 조력자라고 생각했던 불교계 인사들이 삼장법사 일행을 시험한 것이다. 이들이 끝까지 해이해지지 않도록! 우리의 뒤통수를 '한방' 치는 사건들을 보여 줌으로써 6부는 긴 여정의 감동을 갈무리하고자 했다.

3. 낭송할 때는 이렇게!

우리는 실어증의 시대를 산다. 실어증? 인터넷에 분초를 다투면서 업로드 되는 글들을 생각하면 실어증의 시대가 아니라 말이 흘러넘치는 시대 같다. 그런데 그 글들을 정작 읽어 보면 어디서 퍼온 글이나 얕은 감상이 주를 이룬다. 제목만 다르고 그 밥에 그 나물이다. 인터넷이 텅 빈 글들을 무한정 생산하는 덕분에 우리는 글의 홍수, 말의 홍수에 살지만 그 말과 글은 빈곤하기 그지없는 것이다. 실어증의 시대! 그렇다. 우리는 자기소개서마저도 남에게 부탁하는 시대를 산다. 그나마 내 소개도 내가 가진 스펙을 나열하는 것으로 끝난다. 스펙이 나를 증명한다고나 할까. 이렇게 내가 나를 소개하는데도 우리는 자신의 언어를 갖고 있지 않은 것이다. 말과 글 모두 총체적인 난국이다.

『서유기』의 등장인물들은, 주인공은 물론이고 악역인 요괴조차도 자기를 표현하고 자기를 말하는 데 뛰어나다. 말발이 장난 아니다. 자기들이 왜 삼장법사를 잡아먹어야 하는지, 자신이 왜 손오공보다 훨씬 더 뛰어난지를 자기가 살아온 삶의 내력, 자기 성격, 자기 능력, 심지어 흉측스런(?) 자기의 외모를 들어 능수능란하게 말한다. 그래서 손오공과 요괴들 싸움의 제1라운드는 항상 말싸움이다. 자기 자랑으로 채워진 선전포고에서 지면, '게임 끝'이다. 제2라운드인 무력을 겨루는 싸움까지 갈 것도 없다. 그래서 『서유기』는 말의 향연장이다.

그런데 『서유기』 속 등장인물의 말은 수사적인 말발이 아니다. 이들이 내뱉는 아주 짧은 말에도 힘이 있다. 가령 은각/금각대왕의 호로병 에피소드를 보자. 이들의 절대무기는 '호로병'이다. 생명체를 빨아들이는 블랙홀과 같은 마력을 지닌 무기다. 그런데 호로병을 부팅시키는 주문은 '이름'이다. 은각/금각대왕이 "손오공!"이라고 부른다. 손오공이 자기 이름에 귀를 쫑긋하고 "예!"라고 대답하면, 그의 몸은 호로병 안으로 빨려 들어간다. 누가 뚜껑을 열어주기 전까지 나올 수 없다. 요괴가 부른 "손·오·공!"이라는 말(순서를 바꾸어 "오·공·손!"이라거나 "공·오·손!"이라고 해도 마찬가지)과 손오공이 "예!"라고 한 말에는 천하무적 손오공마저도 흡수할 수 있는 힘과 기운이 들어 있는 것이다. 『서유기』를 낭송하는 일은 이렇게 지금 우리가 잃어버린 말의 힘을 음미하고 내 말의 힘과 기운을 기르는 작업이다.

또 『서유기』 낭송은 말의 향연장을 지금, 여기에 펼쳐 놓는 작업이기도 하다. 이때 주의해야 할 것이 있다. 그건 낭송할 때, 한 글자 한 글자는 물론이고 쉼표 하나, 느낌표 하나까지도 건너뛰어서는 안 된다는 것이다. 그런데 책을 읽다 보면 이 일이 말처럼 쉬운 일이 아니라는 것을 알게 된다. 가령 손오공과 요괴가 겨루는 말싸움이나 시공간이 달라질 때마다 들어가는 묘사와 바로 앞 사건에 대한 상황 설명 등, 『서유기』에서는 무수한 반복을 볼 수 있다. 독자의 입장에서 보자면, 지겹다는 생각이 들기도 한다. 하지만 반복된다고 건너뛰어서는 안 된다. 앞에서 길을 간다는 건 어딘가 도착하고자 하는 것보다 걷는다는 그 과정을 온전히 즐기고 따르는 데 의미가 있다고 했다. 낭송도, 말도 그렇다. 바로 앞의 말을 또박또박 짚고 밟아가지 않으면 결코 말의 의미와 말의 기운이 온전해지지 않는다. 우리는 낭송을 통해서 삼장법사가 걸어간 길을 밟아가고 있는 것이다!

이렇게 '낭송'을 하는 동안 삼장법사가 되고, 손오공이 되고, 저팔계가 되어 낭송하는 목소리에 그들의 기운을 담아 보자. 그렇게 몸소 길을 걸어가 보자.

낭송Q시리즈 서백호
낭송 서유기

1부
손오공, 삼장법사를 만나다

1-1.
돌원숭이의 탄생

동승신주東勝神州의 바다 저편에는 오래국傲來國이 있다. 오래국에는 화과산花果山이라는 산이 있는데, 그 산 정상에는 신령스러운 돌이 하나 있다. 그 돌의 높이는 세 장丈 여섯 자[尺] 다섯 치이고, 둘레는 두 장 넉 자이다. 세 장 여섯 자 다섯 치라는 높이는 하늘 둘레인 365도를 따른 것이고, 두 장 넉 자 둘레는 달력의 24절기를 따른 것이다. 돌 위에는 아홉 개의 작은 구멍과 여덟 개의 큰 구멍이 나 있는데, 구궁팔괘九宮八卦의 수를 따른 것이다. 사면에는 나무 한 그루도 없어 돌을 덮어 줄 그늘이 없다. 좌우에는 오로지 지초와 난초가 서로 엉겨 있을 뿐이다. 천지가 개벽한 이래로 돌은 하늘과 땅의 정화, 해와 달의 정수를 받았다. 이것에 오랫동안 감응한 결과 돌에는 마침내 신령스러운 기운이 생겼다. 돌 안에서 신선의 태胎가 자라게 된 것이다. 하루는 돌이 갈라지더니, 돌알 하나가 툭 튀어나왔다. 그 모양은 둥글고 컸다. 바람에 노출된 돌알은 점차 원숭이의 모습으로 변해 갔다. 오관五官: 다섯 가지 감각 기관. 눈, 귀, 코, 혀, 피부이 구비되더니 사지가 완전해졌다. 돌원숭이는 금세 기어가는 걸 배우더니 달리는 법을 배웠다. 돌원숭이는 사방을 향해 절을 하였다. 그러자 두 눈에서는 금빛 광선이 나오더니 하늘에까지 치달았다. 높은 천궁天宮의 자비롭고 인자하신 옥황상제는 금빛에 놀라 영소보전靈霄宝殿으로 나가시더니 천궁의 여러 관리들을 모아 어찌 된 연유인지 알아보게 하셨다. 명령을 받은 천리안千里眼과 순풍이順風耳는 남천문南天門을 열고 나가 무슨 일이 일어났는지 살펴보았다. 이들은 돌아와서 옥황상제에게 보고했다.

"신들이 명령을 받들어 금빛이 나는 곳을 살펴보았나이다. 동승신주 옆 동쪽 바다에 오래국이라는 작은 나라가 있는데, 그 경계 지역에 화과산이라는 산이 있더이다. 산 위에 있던 신령스러운 돌에서 돌알이 하나 태어났는데, 그게 바람을 쐬더니 돌원숭이가 되었습니다. 돌원숭이가 그 자리에서 사방으로 절을 올리자 두 눈에서 금빛 광선이 튀어나와 이곳까지 닿은 겁니다. 지금 돌원숭이는 물도 마시고 음식도 먹고 있사오니 금빛 광선은 장차 사라질 것이옵니다."
옥황상제는 자상하신 모습으로 말했다.
"아래 세상의 모든 존재들은 천지의 정화로 만들어진 것들이니 조금도 기이할 게 없도다."

1-2.
손오공이라는 이름을 얻다

수보리조사須菩提祖師가 말했다.
"너의 성姓이 무엇이냐?"
원숭이 왕이 대답했다.
"저는 성질[性]이 없어요. 남들이 저를 욕해도 개의치 않고, 때려도 저는 화내지 않습니다. 그저 예의에 맞게 대할 뿐이지요. 지금껏 살아오면서 성질을 부려본 적이 없답니다."
조사가 말했다.
"내가 말한 '성'은 성질을 말하는 게 아니다. 너의 부모의 성이 뭐냐는 말이다."
원숭이 왕이 말했다.
"전 부모가 없는데요."
"부모가 없다고? 그럼 나무에서 태어났단 말이냐?"

원숭이 왕이 대답했다.

"나무에서 태어난 건 아니지만 돌 안에서 자랐다고 할 수 있지요. 화과산의 신령스러운 돌이 깨지면서 제가 태어났다는 것만 알고 있답니다."

조사가 이 말을 듣고 속으로 기뻐하며 말했다.

"너의 말을 들어보니, 너는 하늘과 땅이 낳았다는 거구나. 일어나서 걷는 모습을 나에게 보여 봐라."

원숭이 왕은 몸을 벌떡 일으키더니 절뚝절뚝하며 두 번을 걸었다. 조사가 웃으면서 말했다.

"너의 생김새가 참으로 볼품이 없다마는, 과일을 먹고사는 원숭이[猢猻]를 닮았구나. 내가 너의 생김새에 맞춰 성씨를 붙여 주마. 너에게 '호'猢씨 성을 붙여 보자. '호' 자에서 짐승을 뜻하는 부수[犭]를 빼 버리면 '고월'古月이 남지. '고'古는 늙었다는 뜻이고, '월'月은 음한 것이야. 늙고 음한 것은 키울 수 없으니, 너의 성은 '손'으로 하는 것이 좋겠다. '손' 자에서 짐승을 뜻하는 부수를 빼 버리면 '자계'子系가 남는다. '자'는 아들이라는 뜻이고, '계'는 어리다[嬰細]는 말이지. 마침 이 성이 어린아이의 본성에도 맞는구나. 너에게 '손'씨 성을 주마."

원숭이 왕은 가슴 가득 피어오르는 환희를 주체할 수 없어 조사에게 머리를 조아리며 말했다.

"좋아요, 좋아, 좋아. 오늘에야 제 성을 알게 되었어요. 자비로우신 사부님! 기왕에 성을 주셨으니 이름까지 지어 주세요. 그러면 저를 부르기 좋을 겁니다."
조사가 말했다.
"우리 문중은 열두 개의 글자로 문파를 나눠서 이름을 짓고 있지. 너는 나의 열번째 무리의 제자가 될 것이야."
원숭이 왕이 말했다.
"말씀하신 열두 개의 글자는 무엇입니까?"
조사가 대답했다.
"광廣, 대大, 지智, 혜慧, 진眞, 여如, 성性, 해海, 영穎, 오悟, 원圓, 각覺, 이 열두 글자지. 세어 보니 너는 바로 '오' 자 항렬에 해당하는구나. 너에게 '손오공'이라는 법명을 지어 주마, 좋으냐?"
원숭이 왕이 웃으면서 말했다.
"좋아요, 좋아, 좋아. 지금부터 저를 손오공이라고 불러주세요."

1-3.
근두운 타는 법을 익히다

어느 날, 조사와 제자들은 삼성동 앞에서 저녁 풍경을 바라보며 한가롭게 쉬고 있었다. 조사가 말했다.
"오공아, 공부는 잘 하고 있느냐?"
손오공이 대답했다.
"예, 사부님의 바다와 같은 은혜를 입어 제자의 공과가 이루어져 벌써 구름을 타고 날아다닐 수 있게 되었지요."
그러자 조사가 말했다.
"그러면 한번 날아 보아라."
손오공은 솜씨를 뽐낸다며 폴짝 뛰더니 공중제비를 머리와 뒤꿈치가 닿을 만큼 돌았다. 그러더니 땅에서 오륙 장이나 떨어져 있는 구름으로 펄쩍 뛰어 올라 구름을 탔다. 한 끼 밥을 먹을 시간이 흐르자, 구름을 타고 나갔던 손오공이 돌아왔다. 간 거리는 고작 3리였다. 조사 앞에 도착한 손오공은 구름에서 내려오더니 조사에게 말했다.

"사부님, 제자 구름을 타고 왔습니다."

조사가 껄껄 웃으면서 말했다.

"네가 한 꼴을 어찌 구름을 탄다고 말할 수 있겠느냐! 구름에 대롱대롱 매달려 올라타서 구름에 끌려갔다 온 것에 지나지 않지! 옛말에 이르길, '신선들은 아침에 북해北海에 놀러 가고, 저녁에는 창오蒼梧에 간다'고 했다. 네가 한나절 동안 보여 준 것은 말이지, 3리도 채 가지 못했으니 구름에 끌려갔다 왔다고도 말하기 어려워."

손오공이 겸연쩍어 물었다.

"그러면 어떻게 해야 '아침에 북해에 놀러 가고 저녁에는 창오에 간다'고 할 수 있습니까?"

조사가 답해 주었다.

"무릇 구름을 탄다는 건 말이야, 새벽에 북해에서 일어났으면 저녁에는 동해, 서해, 남해를 휘돌아 다시 창오로 돌아가는 것을 말한단다. 창오란 어디냐, 바로 북해의 영릉이지. 즉 사해四海 바깥이야. 하루 동안에 북해에서 창오까지 두루 둘러 노닐 수 있어야 구름을 탄다고 할 수 있어."

손오공이 말했다.
"그건 너무 어렵잖아요, 너무 어려워요!"
조사가 말했다.
"세상에 어려운 일이란 없어. 그저 인간이 두려워할 뿐이야."
이 말을 듣고, 손오공은 뭔가 깨달은 것이 있어 머리를 조아리며 조사에게 절을 했다. 그러면서 이렇게 말했다.
"사부님, 가르쳐 주시려거든 처음부터 끝까지 다 가르쳐 주세요. 자비를 베푸시어 구름 타는 법을 저에게 전수해 주신다면, 그 은혜는 죽어도 잊지 않겠습니다."
조사가 말했다.
"신선들이 구름 타는 법을 보면 말이지, 모두 다리가 넘어질 듯하면서도 그 반동으로 폴짝 구름으로 뛰어오른단다. 그런데 너는 그런 모습이 아냐. 네가 하는 꼴을 보면 땅을 박차고 위로 솟구치더구나. 내가 너에게 '근두운'筋斗雲을 가르쳐 주마."
손오공은 다시 예의를 다해 절을 하면서 가르침을 청하였다. 조사는 구결口訣을 전해 주며 말했다.
"결을 맺고 진언을 연신 외면서 구름을 주먹으로 잡아끌어 오너라. 그런 뒤 온몸을 흔들어 구름으로 치솟아 올라서서 '날아라!'고 해라. 근육이 한 번 실룩하는 동안 구름이 십만 팔천 리를 갈 것이야!"
주위에 있던 제자들이 조사의 말을 듣더니 모두 낄낄대며 말했다.
"오공이가 조화를 부리겠네! 만약 이 법을 익힌다면 파발꾼이 되어 사람들에게 편지를 전달하고 신문을 전해 주면 되겠다. 그러면 오공이는 어디에서 밥 빌어먹고 살 걱정은 하지 않아도 되겠네."
날이 어두워지자 조사와 제자들은 숙소로 돌아갔다. 이날 밤, 오공은 집중하여 근두운 타는 법을 연습하여 몸에 익힐 수 있었다. 다음날부터 손오공은 어디에도 매이지 않고 자유자재로 구름을 타고 어슬렁거릴 수 있었으니, 이것 역시 장생의 즐거움이라고 할 수 있다.

1-4.
제천대성 손오공, 천궁을 뒤집다

연회장에는 식탁이며 의자며 먹을 것들이 가지런하게 정돈되어 있었다. 아직 초대한 손님들은 오지 않았다. 제천대성齊天大聖이 연회장을 휙 둘러보는데, 전체를 다 훑어보기도 전에 문득 어디선가에서 술 향기가 코를 찔렀다. 저도 모르게 냄새에 이끌려 고개를 돌리니, 오른쪽의 긴 복도에 술 만드는 신선들, 술항아리를 옮기는 역사力士들, 물을 운반하는 도인道人들, 불 때는 동자들이 모여 있었다. 이들은 모두 술항아리와 주전자를 씻고 있었는데, 이미 향기롭고 달콤한 술은 완성된 상태였다. 제천대성의 입가에 침이 고이더니 바깥으로 줄줄 흘러 내렸다. 제천대성은 그곳에 가서 술맛을 보려고 하였으나 사람들이 모여 있어서 갈 수가 없었다. 이에 제천대성은 신통술을 부리는데, 몸에서 털을 몇 가닥 뽑더니 입안에 넣고 잘근잘근 씹은 뒤 뱉어 내며 "변해라!"라고 주문을 외었다. 그러자 털은 잠벌레로 변하더니 일하고 있는 사람들의 얼굴을 향해서 돌진했다. 잠벌레의 습격을 받은 사람들의 모습은 이렇다. 두 손은 나른나른, 두 눈은 가물가물, 머리는 꾸벅꾸벅. 이에 사람들은 끝내 아래로 고꾸라졌고, 손에 쥐고 있던 것들도 모두 떨어졌다. 사람들이 모두 잠들자 제천대성은 식탁 위에 차려진 산해진미를 긴 복도로 옮기더니, 술항아리를 옆에 두고 술주전자를 끼고 허리띠를 풀곤 양껏 마셨다. 얼마나 오랫동안 마셨을까. 제천대성은 그만 취하고 말았다. 그러다 머릿속에서 퍼뜩 드는 생각에 제천대성은 중얼거렸다.

"어, 안 되겠다! 안 되겠어! 계속 여기 있다가는 초청한 손님들이 닥쳐 나를 타박할 거야. 잠시 동안은 이 상황을 모면할 수 있겠지만, 어떻게 계속 좋을 수 있겠어? 안 되겠다. 빨리 숙소로 돌아가서 잠자는 게 낫겠다!"

제천대성은 호탕하게 일어섰으나 술기운에 이끌려 이리로 저리로 갈지자로 흔들거리며 나아갔다. 그러다 잠시 길을 잘못 들어서고 말았다. 제천부가 아니라 도솔천궁兜率天宮에 도달한 것이다. 도솔궁을 휘익

훑어보던 제천대성은 갑자기 정신이 번쩍 들었다.
"도솔천궁은 서른세 개의 하늘 가운데에서도 높은 곳이지. 이한천離恨天의 태상노군太上老君이 거처하는 곳인데, 어떻게 하다가 이쪽으로 잘못 오게 된 거지? 에라, 모르겠다, 될 대로 되라지! 줄곧 도솔천을 구경하고 싶었는데 그럴 기회가 없었지. 지금 기회가 닿았으니, 한번 둘러보고 가는 것이 좋겠어."
제천대성은 옷매무새를 여미고 흔들흔들 안으로 들어갔다. 안에는 태상노군도 보이지 않았고, 주변에는 인적이라곤 하나도 없었다. 알고 보니 태상노군은 주릉단대朱陵丹臺에서 연등고불燃灯古佛과 강론을 펼치고 있었고, 여러 동자들이나 신선 관리들, 신선 장군들은 그들 옆에 시립侍立한 채로 강의를 듣고 있었던 것이다.
제천대성은 단약을 만드는 방 안으로 곧장 들어갔다. 방 안에는 단약을 만드는 부뚜막이 있고, 그 옆 화로에는 불이 타고 있었다. 화로 주위에는 다섯 개의 호로병이 있었는데, 그 안은 모두 단련한 단약들로 가득했다. 제천대성이 기뻐하며 말했다.
"이 물건은 신선들의 귀중한 보물이지. 내가 스스로 도를 깨친 이래로 내외가 서로 같다는 이치를 알고는 금단을 제련해서 사람들을 구제하려고 했었지. 그런데 그럴 만한 겨를이 없었지. 오늘 나에게 무슨 인연이 있어서일까, 이 물건을 여기서 보게 되다니. 옳지, 이 노인네가 없는 틈에 몇 알 맛봐야겠다."
제천대성은 호로병을 기울여서 단약들을 모두 먹어 치웠다. 흡사 볶은 콩을 먹는 모양새였다.
시간이 흐르자 단약의 기운이 몸에 차오르며 술기운이 가시기 시작했다. 그러자 다시 제천대성은 곰곰이 생각했다.
"이거 안 되겠는데, 안 되겠어! 이번에 내가 저지른 일은 하늘보다 더 무겁고 큰데, 만약 이 일이 옥황상제에게 알려져 화나게 만들면, 생명을 보존하기 힘들겠는걸. 가자, 가자, 도망가자! 아래 세상으로 내려가서 왕 노릇 하는 게 낫겠어!"
제천대성은 도솔천궁을 뛰쳐나가 매번 가는 길로 가지 않고, 은신술을 부려 서천문을 통과해 도망갔다.

1-5.
변신술 대결, 나 잡아봐라! ①

현성이랑신顯聖二郎神과 제천대성은 삼백여 합을 겨뤘지만 승패가 나지 않았다. 현성이랑신은 신위神威를 거두고 몸을 흔들더니 변했다. 키는 만 장에 달했다. 양쪽으로 날이 선 삼지창을 두 손에 든 모습이 흡사 화산華山 꼭대기의 봉우리와 같았다. 그는 푸른 얼굴빛에 날카로운 이빨을 가졌고, 새빨간 머리카락은 봉두난발한 채 날리고 있었다. 그는 제천대성의 목을 단박이라도 칠 것처럼 무시무시하게 달려들었다. 그러나 제천대성도 신통력을 부리는지라, 현성이랑신과 똑같이 험악한 모습으로 변하여 여의봉을 휘둘렀다. 그 모습은 흡사 곤륜산崑崙山 정상의 경천지주擎天之柱 같았다.

현성이랑신과 제천대성은 하늘과 땅의 형상들을 쫓

아서 서로 변신술을 경쟁했다. 바야흐로 싸움이 최절정을 향해 치달았을 때, 제천대성은 문득 고개를 돌려 자기 진영의 부하들이 우왕좌왕하며 퇴각하는 모습을 보았다. 부하들은 천군에게 잡혀가는 놈, 고함치는 놈, 산으로 도망가는 놈, 동굴로 피하는 놈 등 각양각색이었다. 그들이 쫓기는 모습은 밤 고양이에게 놀란 새들이 둥지를 날아오르는 모습과 유사했다. 이를 본 제천대성은 마음이 다급해져서 법상法相을 거둬들이고는 여의봉을 끌고 곧장 도망쳤다. 현성이랑신은 제천대성이 도망가는 모습을 보고 큰 걸음으로 쫓아가면서 외쳤다.

"어디를 가느냐? 투항하면 목숨만은 살려주마!"

제천대성은 더 이상 싸움이 달갑지 않아 그저 도망갈 생각뿐이었다. 제천대성이 동굴 입구 근처까지 왔을 때, 마침 그곳에 있던 천군들을 만나게 되었다. 이들은 일제히 제천대성의 길을 막으면서 말했다.

"이 발칙한 원숭이 놈아! 어디로 도망가느냐?"

제천대성은 이들의 일갈에 손과 다리를 어떻게 해야 할지 알지 못했다. 여의봉을 바늘처럼 작게 만들어서 귓속에 감춰 두고, 몸을 흔들어 참새로 변하여 나뭇가지로 날아올라 갔다. 천군들은 갑자기 제천대성이 사라지자 당황하여 전후좌우를 샅샅이 살펴보았다.

하지만 그의 모습은 보이지 않았다.

"요사스런 원숭이 놈이 도망갔어요! 요사스런 원숭이 놈이 도망갔어!"

천군들이 시끄럽게 떠들고 있는 사이에 현성이랑신이 도착했다. 그가 천군들에게 물었다.

"형제들이여, 원숭이 놈이 이곳으로 오지 않았소?"

여러 천군들이 대답했다.

"방금 전 여기에서 원숭이 놈을 포위했는데, 금방 사라지고 보이지 않습니다."

현성이랑신이 눈을 크게 뜨고 봉황처럼 주위를 살피자, 제천대성이 참새로 변하여 나뭇가지에 앉아 있는 모습이 보였다. 그는 법상을 거둬들이고 신기神器를 흔들고 활을 쏘았다. 그리고 몸을 흔들더니 굶주린 매로 변신하여 날개를 펴고 참새를 향해서 내리꽂을 듯이 빠른 속도로 날아갔다. 제천대성은 현성이랑신이 공격해 오는 것을 보자 살짝 날개를 치더니 날아가면서 커다란 가마우지로 변하여 하늘을 향해서 치솟아 올랐다. 현성이랑신이 이를 보고 급히 깃털을 떨더니 몸을 부르르 흔들고는 큰 바다학으로 변해서 구름 속으로 파고 들어갔다. 제천대성은 또 방향을 바꾸더니 계곡으로 솟구쳐 내려가면서 물고기로 변하여 계곡물 속으로 풍덩 빠졌다. 현성이랑신이 계곡가에 도착했을 때는 그 종적을 찾을 수 없었다. 현성이랑신은 속으로 생각했다.

'이 원숭이는 반드시 물속으로 들어갔을 거야. 그렇다면 아마도 물고기나 새우 같은 걸로 변신했겠지. 내가 다시 변신해서 그가 어떻게 변하는지 한 번 볼까.'

그러더니 현성이랑신은 물고기를 잡는 송골매로 변하여 물 위에 둥둥 떠다니면서 잠깐 기다렸다. 물고기로 변신한 제천대성이 물결을 따라 맘껏 부유하고 있는데 홀연히 물 위로 맹금류 한 마리가 유유자적하게 있는 것이 눈에 띄었다. 푸른 새매를 닮은 듯했으나 털이 푸르지 않았고, 해오라기를 닮은 듯했으나 이마에는 갓끈무늬가 없었다. 구관조를 닮은 듯했으나 다리가 또한 붉지 않았다.

"보아하니 현성이랑신이 변신하여 나를 기다리고 있는 거구나."

제천내성은 급히 머리를 돌려서 물결을 일으키고는 도망쳤다. 현성이랑신이 그 모습을 보고 말했다.

"물결을 일으키고 물고기가 도망을 가다니. 잉어인 듯 보이는데 꼬리지느러미가 붉지 않고, 쏘가리인 듯 보이지만 얼룩덜룩한 비늘이 보이지 않네. 가물치인 듯 보이지만 머리에 흰 털이 없고, 방어인 듯 보이지만 아가미에 침이 없군. 저 녀석이 나를 보고 뒤돌아

도망치다니, 그 원숭이 놈이 변한 게 틀림없어!"
이에 물고기의 뒤를 밟으면서 확! 하고 부리로 물고기를 쪼았다. 그러자 제천대성이 물 바깥으로 폴짝 뛰쳐나가면서 물뱀으로 변했다. 물뱀은 가까운 뭍으로 헤엄쳐서 오르더니 풀숲으로 파고 들어갔다. 제천대성을 쫓았지만 따라잡지 못한 현성이랑신은 풍덩하는 소리가 들리자 고개를 들었다. 그러자 물뱀 한 마리가 물 위를 헤엄쳐 가는 것이 보였다. 제천대성이 변신한 것임을 알아챈 현성이랑신은 급히 몸을 돌려 붉은 정수리를 한 학으로 변신하여 긴 부리를 쭉 내밀어 철로 만든 집게처럼 물뱀을 쫓아가서 집어삼키려고 했다. 물뱀은 튀어 오르더니 또다시 무늬 있는 너새로 변신하더니 가죽나무처럼 멍하니 모래섬 가에 서 있었다.

너새는 새들 중에서도 가장 천하고 음란한 종류여서 봉황새, 난새, 송골매, 갈가마귀는 모두 너새와 어울리려고 하지 않았다. 이 사실을 알고 있는 현성이랑신은 이번에는 너새를 잡으려고 변신하지 않고 원래 자신의 모습을 드러내고 다가갔다. 그는 활에 시위를 매겨서 팽팽하게 당겨서 너새를 향해 쏘았다.

1-6.
변신술 대결, 나 잡아봐라! ②

기회를 틈타 산기슭으로 굴러 내려간 제천대성은 몸을 웅크려서 토지묘로 변했다. 크게 벌린 입은 묘당의 문으로 변했고, 이빨은 묘당의 문짝으로 변했고, 혀는 보살로 변했으며, 눈은 격자창으로 변했다. 단지 꼬리는 어떻게도 수습할 수 없어 뒤에 세워두고 깃대로 바꾸었다. 산기슭으로 내려온 현성이랑신은 수위를 둘러보았다. 사냥물인 너새는 보이지 않고 작은 묘당이 보였다. 급히 봉황눈을 뜨고 묘당 주위를 자세히 살펴보니, 건물 뒤에 서 있는 깃대가 보였다. 현성이랑신은 웃으면서 말했다.
"원숭이로군! 이 원숭이 놈이 지금 여기서 나를 속이려는 거군. 나도 이전에 묘당을 본 적이 있지만, 이것처럼 깃대가 뒤에 세워진 것은 본 적이 없는걸! 이 망

할 놈이 나의 눈을 속여 나를 안으로 들어오게 유인해서 한 입에 씹어 먹을 작정인가 보군. 내가 왜 그 안으로 들어가겠어! 내 두 주먹으로 격자창을 뜯어내고, 그런 후에 문짝을 발로 차버려야지!"
이 소리를 들은 제천대성은 마음속으로 몹시 놀랐다.
'이런 악독한 놈을 봤나! 문짝은 나의 이빨이고, 격자창은 나의 두 눈인데, 내 이빨을 차고, 내 눈을 뽑겠다는 거야? 아, 어쩌지, 어떻게 하면 좋지?'
획 하는 소리와 함께 호랑이가 도약하듯 제천대성은 공중으로 날아오르더니 보이지 않았다. 또다시 현성이랑신이 그의 뒤를 쫓아갔지만, 그 종적을 찾을 수 없었다. 현성이랑신은 주위의 천군들에게 말했다.
"형제들은 이곳을 순찰하고 있으시오. 나는 위를 찾아보겠소."
급히 몸을 흔들고 구름을 타서 위로 올랐다. 조요경照妖鏡을 들고 있는 이천왕李天王과 구름 끝에 서 있는 나타태자哪吒太子가 보였다. 현성이랑신이 물었다.
"천왕이시여, 원숭이 왕을 보셨소?"
천왕이 답했다.
"내가 여기서 줄곧 조요경을 비추고 있었으니 위로 올라왔을 리 없소."
현성이랑신이 지금까지 변신술을 펼친 것과 신통술

을 부린 것을 말해 주고는 이렇게 덧붙였다.

"그가 사당으로 변했기에, 내가 막 사당을 부수려고 했지. 그러자 곧장 사라지고 없더군요."

이천왕이 이 말을 듣자, 조요경을 사방으로 비추면서 살피기 시작했다. 그러더니 껄껄껄 웃으면서 말했다.

"현성이랑신은 어서 가보시오, 어서요! 그 요망한 원숭이가 은신법을 이용해서 우리 포위를 뚫고는 당신의 관강구灌江口 사당으로 갔네그려!"

이 말을 들은 현성이랑신은 신령스런 무기를 들고는 관강구로 급히 되돌아갔다.

한편 관강구에 도착한 제천대성은 몸을 흔들더니 현성이랑신과 똑같은 모습으로 변했다. 근두운을 아래로 향하게 하면서 사당 안으로 들어갔다. 사당을 지키는 귀신[鬼判]들은 제천대성인 줄 알아채지 못하고 머리를 조아리며 그를 맞아들였다. 제천대성은 가운데 앉아 불을 피우고 향을 태우며, 이호李虎란 자가 바친 희생, 장용張龍이란 자가 올린 구복의 제물들, 조갑趙甲이란 자가 자식을 점지해 달라고 올린 제문, 전병錢丙이라는 자가 병을 고쳐 달라고 올린 글들을 보았다. 한창 보고 있는데 누군가가 들어와서 보고했다.

"또 한 분의 나리가 오셨습니다!"

사당지기 귀신들이 허둥지둥 나가서 살펴봤는데 놀

서유기 1부 | 손오공, 삼장법사를 만나다 41

라지 않는 자가 없었다. 현성이랑신이 물었다.
"제천대성이라는 놈이 여기에 오지 않았느냐?"
사당지기 귀신들이 답했다.
"대성이라는 자는 보지 못하였고, 나리가 안에서 제물을 살피고 계십니다."
현성이랑신은 문을 박차고 들어갔다. 이를 본 제천대성은 자신의 본색을 드러내며 말했다.
"이랑신은 시끄럽게 굴지 마라. 이 사당은 이미 손가의 것이 되었어."
양쪽으로 날이 선 삼지창을 든 현성이랑신이 제천대성의 얼굴을 반토막낼 기세로 내려치자, 원숭이 왕은 술법을 부려서 창이 허공을 가르도록 했다. 그러면서 여의봉을 꺼내어 한번 흔들더니 사발만 한 크기로 만들어 흔들면서 현성이랑신을 향해 마주 달려 나갔다. 사당은 여의봉과 창이 맞붙는 소리로 요란했고 덕분에 사당의 문이 깨어지고 운무가 피어올랐다. 도망가다 다시 맞붙는 과정을 반복하며 이들은 화과산에 도착했다. 화과산에 있던 사대천왕과 천군들은 두 현성이랑신이 서로 싸우고 오는 모습에 놀라고 당황했다. 하지만 이들은 합심하여 원숭이 왕을 포위했다.
한편 영소보전에 모여서 이야기를 나누고 있던 옥황상제, 관음보살, 서왕모, 관료대신들과 신선들은 지상에서 일어나는 일을 시시각각으로 보고받았다. 관음보살이 합장하며 말했다.

"빈승이 폐하와 태상노군을 모시고 남천문 밖에 나가서 보고자 하는데 어떻겠습니까?"

옥황상제가 말했다.

"좋소이다."

이들은 즉시 남천문으로 나갔다. 기별을 받은 신하들이 이미 남천문을 활짝 열어 놓고 있어 아래 세상의 모습이 상세히 보였다. 이천왕과 나타태자가 조요경을 들고 공중에 서 있고, 현성이랑신과 천신들은 제천대성을 에워싸고 분분히 격전을 벌이고 있었다. 관음보살이 입을 열어 태상노군에게 말했다.

"빈승이 천거한 현성이랑신은 어떻습니까? 과연 신통이 있어서 제천대성을 포위했군요. 그런데 아직까지 잡지 못하였으니, 지금 조금만 도움을 준다면 그가 공을 이룰 듯합니다."

1-7.
오행산에 갇힌 손오공

석가여래가 말했다.
"너는 장생술과 변신술 외에 무슨 재주가 있기에, 감히 천궁을 차지하려고 드느냐?"
제천대성이 대답했다.
"내 수완은 아주 많지! 나는 일흔두 가지 변신술을 부릴 수 있고 만겁이나 늙지 않고 장생할 수도 있지. 근두운을 몰 수 있을 뿐만 아니라 한번 몰면 십만 팔천 리를 날지. 어떠냐, 내가 옥황상제의 자리를 차지할 만하지 않느냐?"
석가여래가 말했다.
"우리, 내기나 해볼까. 네가 능력이 있어 근두운을 타고 나의 오른쪽 손바닥 안을 벗어날 수 있다면 네가 이긴 걸로 하자. 그러면 무력을 이용해 싸울 필요도 없이 내가 옥황상제께 서방으로 옮기시라고 청하고, 천궁은 너에게 주라고 하겠다. 만약 네가 나의 손바닥을 벗어날 수 없다면, 너는 아래 세상에서 요마가 되어 몇 겁 동안이나 수련을 거듭하면서 고해의 삶을 살아야 할 것이야."

제천대성은 이 말을 듣고 속으로 웃으며 생각했다.

'이 여래라는 작자는 참으로 어리석구나. 나로 말할 것 같으면 근두운을 타고 단숨에 십만 팔천 리를 날아간다구. 그런데 저자의 손바닥이라고 해봐야 사방 한 척도 되지 않으니, 누군들 거기를 벗어날 수 없겠어!'

이런 생각이 들자 목소리가 다급하게 튀어나왔다.

"당신, 말한 대로 지킬 수 있겠지?"

"물론 지킬 수 있지. 지킬 수 있고말고."

석가여래는 오른손을 폈다. 그러자 연잎만 한 크기의 손이 보였다.

제천대성은 여의봉을 거둬들이고 신위神威를 흔들더니 몸을 휙 돌려 석가여래의 손바닥 한가운데에 섰다. 그러더니 외쳤다.

"자, 간다!"

이 말과 더불어 제천대성을 태운 근두운은 빛처럼 날아가더니, 그림자도 형체도 사라지고 없었다. 석가여래가 혜안으로 관찰하니, 원숭이 왕은 앞으로 앞으로 풍차처럼 쉴 새 없이 가고 있었다. 제천대성이 가고 있는데, 갑자기 다섯 개의 붉은 기둥이 하늘을 지탱하고 있는 모습이 보였다. 그가 말했다.
"여기가 세상이 끝난 막다른 길인가 보다. 돌아가면 여래에게 증거로 삼아야지. 이제 영소보전은 내 차지야! 아니, 잠깐! 여기에다가 표시를 남겨야겠다. 그래야 그 작자와 이야기하기가 좋지, 암."
털 한 올을 뽑더니 입으로 기운을 불어넣으면서 외쳤다. "변해라!"
그러자 털은 짙은 먹물을 머금은 붓으로 변했다. 제천대성은 붓을 들고 가운데 기둥에 한 줄로 "제천대성, 여기에 와 노닐다"라고 크게 썼다. 그는 글을 다 쓴 뒤, 털을 거두었다. 제천대성은 여기서 그치지 않고 좀 민망하지만 첫번째 기둥 아래에다가 원숭이 오줌을 찍 갈겼다. 그러고는 근두운을 돌려서 다시 날았다. 출발했던 석가여래의 손바닥에 서면서 제천대성은 이렇게 큰소리쳤다.
"갔다가 지금 왔어! 너는 옥황상제더러 천궁을 나에게 양보하라고 해!"
석가여래가 제천대성을 욕하며 말했다.
"이 원숭이 똥자루야! 너는 한순간도 내 손바닥을 떠난 적이 없어!"

제천대성이 어이없다는 듯 말했다.

"허, 너는 모르는구나. 나는 하늘이 끝나는 곳까지 갔다 왔어. 거기에는 다섯 개의 붉은 기둥이 푸른 하늘을 받치고 있었어. 내가 거기에다 기록을 남겼단 말이야. 그런데 네가 감히 내가 너의 손바닥을 떠나지 못했다고 하다니, 같이 가서 볼 테냐?"

"갈 필요 없다. 고개를 숙여서 한 번 봐라."

제천대성은 고개를 숙여서 화안금정火眼金睛으로 아래를 보니, 석가여래의 오른손 중지에 이렇게 쓰여 있었다! "제천대성, 여기에 와 노닐다." 게다가 엄지와 검지 사이에서는 스멀스멀 원숭이 오줌의 비릿한 냄새까지 났다. 제천대성은 크게 놀라며 말했다.

"이런 일이 있다니! 이런 일은 있을 수 없어! 나는 이 글자들을 하늘을 받치는 기둥 아래에 써뒀단 말이야. 그런데 어떻게 당신의 손가락에 쓰여 있는 거지? 네 놈이 선지법先知法이라도 부린 게 틀림없어! 믿을 수 없어, 결코 믿을 수 없어! 다시 갔다와야겠다!"

제천대성은 급히 몸을 돌려서 튀어나가려고 했지만, 석가여래는 손바닥을 확 뒤집어 그를 서천문 바깥으로 내쳤다. 다섯 손가락으로 금, 목, 수, 화, 토의 다섯 개로 이어진 산을 만들어 내고는 '오행산'이라고 외쳤다. 석가여래는 그것으로 제천대성을 가볍게 눌렀다.

1-8.
경전을 구하러 떠나는 삼장법사

(1)

당唐 태종太宗이 말했다.

"여기에 오셔서 강론을 들으시면 조용히 강의를 듣기만 하면 그뿐일 걸, 무슨 까닭으로 우리 법사들과 논쟁을 벌이는 거요? 경당經堂에서 소란을 피우다니, 나의 불사佛事를 망칠 생각이오?"

보살이 대답했다.

"당신의 법사들이 강론한 것은 소승교법으로, 죽은 자를 승천시킬 수 없소. 내가 갖고 있는 대승불법 삼장三藏은 죽은 자를 구제하고 고통에 빠진 자를 해탈로 이끌 수가 있소. 또 목숨을 연장할 수 있소이다."

당 태종이 대단히 기뻐하면서 물었다.

"당신이 말한 대승불법은 어디에 있소?"

보살이 대답했다.

"대서천大西天 천축국天竺国 대뇌음사大雷音寺에 우리 석가여래가 계시지요. 그의 불법은 세상의 온갖 원한이 엉킨 매듭을 풀 수 있고 무망無妄의 재난을 없앨 수 있다오."

당 태종이 말했다.

"당신은 불법의 내용을 기억하고 있소?"

보살이 대답했다.

"기억하고 있소."

당 태종이 크게 기뻐하며 말했다.

"법사를 여기로 모시고 오너라. 위쪽에 오르셔서 강의를 하여 주십시오."

보살은 시종을 데리고 누대를 날아오르더니 상서로운 구름을 탔다. 구름이 곧장 위로 올라가자 보살은 세상을 구원하는 본래의 모습을 드러냈다. 손에는 정병과 버드나무가지를 들고 있었고, 그 왼쪽에는 목차木叉 혜안惠岸이 몽둥이를 들고 위용을 떨치고 있었다. 기쁨에 들뜬 당 태종과 조정의 관리들은 절을 하느라 여념이 없었다. 문무 관리들은 무릎을 꿇고 향을 피웠다. 절을 가득 채우고 있던 승려들과 일반 신도들 중에서도 절을 하고 기도를 하지 않는 자가 하나도 없었다.

(2)

보살을 태운 상서로운 구름이 점차 멀어지더니 삽시간에 황금빛이 보이지 않았다. 정신을 차린 당 태종은 여러 승려들에게 명령을 내렸다.

"법회를 멈추어라. 내가 사람을 보내 대승경전을 가지고 오게 한 뒤에 다시 성심으로 수련하여 선과를 쌓겠다."

당 태종의 말을 따르지 않는 자들이 없었다. 태종은 그 자리에서 관료들에게 물었다.

"누가 짐의 뜻을 받들어 서천으로 가서 부처님을 뵙고 경을 구해오겠느냐?"

말이 채 끝나기도 전에 옆에 있던 법사가 앞으로 재빨리 나오더니, 황제 앞에 무릎을 꿇고 정중하게 말했다.

"빈승이 비록 재주가 없사오나 견마지로犬馬之勞를 다하여 폐하께 진경眞經을 구해다 드려 우리 왕국의 영원함을 기원하겠나이다."

당 태종은 대단히 기뻐하며 현장법사에게 가더니 손으로 그를 일으키며 말했다.

"법사는 현명함과 충성을 다하여 일을 능히 완수할 수 있을 것이오. 길이 멀고 험할지라도 산을 넘고 물을 건너갈 수 있을 것이오. 이에 짐이 그대와 형제를 맺고 싶소."
현장은 머리를 조아리고 은혜에 감사했다. 당 태종은 과연 대단히 현덕한 인물인지라, 안으로 들어가 부처님 앞에서 현장법사와 함께 네 번 절을 올렸다. 그리고 현장법사를 '성승 아우'[御弟聖僧]라고 불렀다. 현장법사는 두터운 은혜에 감복하여 말했다.
"폐하, 빈승에게 무슨 덕과 능력이 있기에 감히 이와 같은 성은을 입사옵니까? 제가 이제 떠나면 몸을 사리지 않고 노력하여 서천으로 곧장 가겠나이다. 만약 서천에 도착할 수 없어 진경을 얻지 못하면 차라리 죽을지언정 감히 돌아오지 않겠사옵니다."

(3)

당 태종은 행장과 말을 잘 꾸리게 한 다음에 관리를 시켜 술을 따르게 하고 술잔을 들면서 현장법사에게 물었다.
"아우는 아호雅號를 뭐라고 부르는가?"
현장법사가 대답했다.
"소승은 출가인이라 감히 호를 붙이지 않사옵니다."
"그때 보살께서 서천땅에 삼장경이 있다 하셨으니, 아우는 그 경전 이름을 호로 삼아 '삼장'三藏이라 하면 어떠하겠는가?"

"황공하옵니다."

현장법사는 황제가 내리는 술잔을 받아들고 말했다.

"폐하, 술은 승가에서 제일로 삼가야 하는 것입니다. 소승은 태어난 이래 술을 마셔 본 적이 없사옵니다."

"그래도 오늘은 다른 때와는 다르지 않은가? 그리고 이건 소주素酒일세. 마음을 담아 떠나보내는 정으로 한 잔만 받아주면 고맙겠네."

삼장법사가 어쩔 수 없이 술잔을 입에 가져가 마시려 하는데, 태종이 고개를 숙이더니 땅바닥에서 흙을 조금 집어 술잔 속에 던져 넣었다. 삼장법사가 그 의미를 알 수 없어 어리둥절해하니, 태종이 웃으면서 물었다.

"이제 떠나면 언제 돌아오겠는가?"

삼장법사가 대답했다.

"삼 년이면 돌아올 수 있을 것입니다."

"흐르는 시간은 길고 길겠고, 산천의 길은 멀고 멀겠지. 그대에게 이 술을 권한 것은 다름이 아니라 고향의 흙 한줌을 그리워할지언정, 타향의 돈 만 냥을 탐하지 말라는 뜻이네."

1-9.
손오공을 구한 삼장법사

얼마 가지 않아 돌로 된 상자 사이로 원숭이 한 마리가 과연 보였다. 머리를 바깥으로 내밀고 손을 뻗어 흔들며 원숭이는 애원했다.
"사부님, 왜 이제야 오시는 겁니까? 잘 오셨어요, 정말 잘 오셨어요! 저를 구해 주시면 서천 가는 길까지 보호해 드리겠습니다."
삼장법사가 다가가서 자세히 살펴보니, 원숭이의 모습은 이랬다. 뾰족한 주둥이에 쑥 들어간 볼, 황금빛 눈동자와 불처럼 붉은 눈, 머리에는 이끼가 쌓여 있고, 귓속에도 덩굴풀이 자라 있었다. 귀밑에 난 푸른 풀은 귀밑머리처럼 자라 있었고, 턱 아래로는 수염 대신 향부자가 자라 있었다. 머리는 산발이었고, 미간은 흙투성이였다. 콧등에는 진흙이 덕지덕지 붙어 있었고, 두툼한 손바닥엔 땟국물이 잘잘 흘렀다. 원숭이는 눈알을 쉴 새 없이 굴리면서 소리를 내며 기뻐했다. 하지만 그는 말은 자유롭게 할 수 있어도, 몸을 움직일 수는 없었다. 이가 누구냐? 바로 오백 년 전의 제천대성이다. 지금에 이르러 그는 마침내 하늘이 내린 벌을 다 채우고 벗어나게 된 것이다.

유태보劉太保는 진정 담이 큰 자인지라, 원숭이 앞으로 가더니 귀밑머리에 난 풀과 턱의 향부자를 뽑아주며 물었다.

"무슨 할 말이라도 있느냐?"

원숭이가 말했다.

"너랑은 할 얘기 없다. 어서 저 사부에게 이리로 오라고 해라. 내가 물어볼 말이 있다."

삼장법사가 물었다.

"나에게 뭘 묻고 싶은 거냐?"

"사부님은 동쪽 나라 임금이 서천으로 경전을 구하러 보낸 자가 아니십니까?"

"그렇다만, 너는 어째서 그걸 묻는 거냐?"

"저는 오백 년 전 천궁을 어지럽게 했던 제천대성입니다. 질서를 어겼다는 이유로 석가여래가 저를 이곳에 가둬 두었지요. 지난번에 관음보살이 부처님의 뜻을 안고 동쪽 나라로 경전을 가지러 갈 승려를 구하러 가시는 것을 보았습니다. 제가 관음보살님께 구해 달라고 애원하자 하시는 말씀이 나쁜 일을 하지 말고 불법에 귀의하여 취경가는 승려를 보호해 서방에 도착하여 부처님을 배알하면 자연히 좋은 결과가 있을 거라고 하셨습니다. 이후로 아침저녁으로 조심 또 조심하며 사부님이 저를 구해 주시기를 기다렸습니다. 바라옵건대 제가 사부님을 보호할 터이니 부디 제자로 삼아 주십시오."

삼장법사가 이 말을 듣고 마음 가득 기쁨이 차올라 말했다.

"네가 비록 착한 마음을 갖고 있고 또 보살님의 가르침을 입어 불문에 들어오고자 해도, 내게는 너를 꺼내줄 망치도 없고 도끼도 없구나. 어떻게 너를 구할 수 있단 말이냐?"

"망치와 도끼를 쓸 필요가 없습니다. 사부님이 저를 구하고자 하신다면 저는 자연스레 이곳에서 나갈 수 있습니다."

삼장법사가 말했다.

"내가 너를 구해 주마. 어떻게 하면 좋겠느냐?"

"이 산 정상에는 석가여래가 붙여 둔 황금 부적이 있습니다. 올라가셔서 부적을 떼시기만 하면 됩니다."

1-10.
삼장법사의 제자가 된 손오공

부적을 떼고 아래로 내려간 삼장법사는 원숭이에게 말했다.

"부적을 뗐으니 어서 나오너라."

원숭이는 기뻐하며 외쳤다.

"사부님, 여기서 조금 떨어지세요, 제가 나갈 수 있게요. 사부님을 놀라게 하고 싶지 않아요."

유태보는 원숭이의 말을 듣고 삼장법사를 이끌고 동쪽으로 되돌아갔다. 오륙 리를 걸었을까, 저 멀리서 원숭이가 외치는 소리가 들렸다.

"더 가세요, 더 가요!"

삼장법사는 또 얼마간을 더 갔다. 산을 내려가자, 쿵 하는 소리가 들렸다. 마치 땅이 갈라지고 산이 무너지는 듯한 소리였다. 사람들은 이 소리에 다들 놀랐다. 원숭이는 삼장법사의 말 앞에 모습을 드러냈는데, 완전 홀딱 벗은 채로 무릎을 꿇고 이렇게 외쳤다.
"사부님, 저 나왔습니다!"
삼장법사에게 네 번 절을 올린 원숭이는 급히 몸을 일으키더니 유태보에게 큰 소리로 웃으며 말했다.
"사부님을 내게 모시고 오느라 형씨도 고생이 많으셨소. 또 내 얼굴에 난 풀을 떼주어 고마웠소."
이렇게 사례를 다 한 뒤, 짐을 챙기고 말안장을 정리하고 길 떠날 채비를 했다. 말이 원숭이를 보더니, 허리는 흐물흐물, 발은 절뚝절뚝, 온몸으로 벌벌 떨더니 서 있을 수 없어 주저앉고 말았다. 이 원숭이는 원래 천상의 용마들을 키우는 일을 맡았던 필마온弼馬溫이었던지라, 원숭이를 보자 말은 즉각 무서워하는 마음이 들었던 것이다. 삼장법사는 원숭이가 불문에 귀의할 뜻을 가지고 있고 그 모습도 불문의 승려와도 닮았기에 물어보았다.
"제자야, 너의 성은 무엇이냐?"
원숭이가 대답했다.
"손가입니다."
삼장법사가 말했다.
"내가 너에게 법명을 지어 주마. 그래야 부르기 좋을 것 같아."

"사부님, 애쓰실 필요 없습니다. 제게는 손오공이라는 법명이 있습니다."
삼장법사가 기뻐하면서 외쳤다.
"오호라, 우리 종파와 꼭 맞아떨어지는구나! 너의 모습은 꼭 어린 행각승 같으니, 내가 너를 행자行者라고 부르고 싶구나, 어떠냐?"
오공이 즉각 대답했다.
"좋아요, 좋아!"
이로부터 손오공은 '손행자'라고 불리게 되었다.

낭송Q시리즈 서백호
낭송 서유기

2부
좌충우돌, 밴드의 결성

2-1.
넌 어찌 이리도 자비심이 없느냐!

도적들 앞으로 나아간 손행자는 팔짱을 끼고 여섯 명의 거구들에게 예의를 차려서 물었다.

"여러분들은 무슨 연고로 저희 빈도들의 길을 막고 있소?"

도적이 말했다.

"우리는 남의 길을 잘라먹는 대왕들이자 마음씨 좋은 산속의 주인이야. 우리의 명성은 오래전에 알려졌는데, 너는 모르나 보구나. 좋은 말 할 때 짐을 내려놓아라. 그러면 너희들을 살려줄 것이야. 만약 '싫어요!'의 '싫' 자라도 내뱉으면 작살을 내고 말 테다."

손행자가 말했다.

"나도 예부터 명성이 자자한 대왕이고 오랫동안 산속의 주인이었지. 그런데도 여러분들의 그 크다는 명성을 들은 적이 없는걸."

도적이 말했다.

"네가 모르나 본데, 잘 들어라. 우리는 안간희眼看喜, 이청노耳聽怒, 비후애鼻嗅愛, 설상사舌嘗思, 의견욕意見欲, 신본우身本憂야."

손오공이 웃으면서 말했다.

"아하, 알고 보니 좀도둑이구나! 너희들은 이 어르신이 너희들의 주인임을 아직도 모르겠느냐. 이렇게 길을 막고 서 있다니. 너희들이 오랜 세월 동안 약탈해 놓은 보물을 나와 너희가 일곱 등분으로 공평하게 나누어 갖자. 그것이나 갖고 돌아가거라."

이 말을 듣자 안간희는 기뻐하고, 이청노는 분노하고, 비후애는 아까워하고, 설상사는 생각에 잠겼고, 의견욕은 욕망이 생겼고, 신본우는 근심했다. 이들은 일제히 앞으로 달려들면서 너 나 할 것 없이 어지럽게 외쳤다.

"중놈이 무례하기 짝이 없구나! 가진 것도 없는 놈이 재물을 나누자니. 네 놈을 뒤져서 나오는 것은 우리가 모두 갖고 말겠다!"

도적들은 창을 돌리고 검을 휘두르며 일제히 앞으로 달려들었다. 손행자를 가운데 두고 도적들은 그의 머리를 반토막 낼 요량으로 무기를 획획 칠팔십 여 차

레나 휘둘렀다. 손오공은 그들의 공격에 가만히 있었다. 도적이 말했다.
"이 중놈의 머리통이 단단한데!"
행자가 웃으면서 말했다.
"내가 대단한 걸 알았으면 이제 그만둬라. 나를 때려도 니들 손만 아플 뿐이야. 그만두지 않으면 손 어르신이 침을 꺼내서 한 번 놀아 줄 테다!"
그러자 도적이 말했다.
"이 중놈은 침구쟁이였나 보군. 우리에게는 병이 없으니 침을 놓느니 어쩌니 개소리하지 마라!"
손행자가 손을 뻗어 귓속에서 침을 끄집어냈다. 바람결에 침을 한번 흔들자 침은 사발만 한 굵기의 철몽둥이가 되었다. 손행자는 그것을 들고 소리쳤다.
"도망치지 마라! 손어르신의 한 방을 맞아 봐라!"
놀란 도적들은 사방으로 흩어져 도망갔다. 손행자는 귀신 같은 빠르기로 그들을 한곳으로 밀어넣더니 하나씩 모두 때려죽였다. 그리고 그들의 옷을 벗기고 돈을 뺏은 후 희희낙락 웃으며 돌아왔다.
"사부님, 어서 가시지요. 도적들을 소탕했습니다."
삼장법사가 화를 내며 말했다.
"너는 화를 자초하는 놈이구나! 그들이 비록 강도라고는 하나, 잡아다가 관가에 데려가도 죽이지는 않을 거야. 네가 온갖 수완을 부려 그들을 물러나게 하면 그뿐인 것을, 어찌 그들을 다 때려죽였단 말이냐? 무고하게 사람들의 생명을 해치다니, 네가 그러고도 승려라고 할 수 있느냐? 출가인은 '땅을 쓸 때도 개미를 죽이지는 않을까 걱정하고, 나방이 불을 향해 날아가는 것만을 봐도 애석해한다'고 했거늘, 너는 어째서 이러한 이치를 모르고 사람을 단숨에 때려죽인단 말이냐? 조금의 자비심도 없는 놈 같으니라고! 이 산중에 보는 사람들이 없어서 다행이지, 만약 도시에서 이런 일이 일어났다면 나는 영락없이 관가에 잡혀서 옥살이를 했을 거야."

손행자가 말했다.

"사부님, 제가 만약 그들을 죽이지 않았다면, 그들이 사부님을 죽였을 거예요."

삼장법사가 말했다.

"우리 출가인은 죽을지언정 나쁜 짓은 감히 하지 않아. 내가 죽는다면 나 한 몸 죽는 것일 뿐이야. 그런데 네가 여섯 명을 죽였으니, 이걸 어쩌면 좋단 말이냐? 이 일이 만약 관가에 알려진다면, 네 할아버지가 판관이라고 하더라도 어쩔 수가 없어. 게다가 너는 지금 불문에 들어왔는데도, 여전히 나쁜 짓을 하고 생명을 해친다면 서천에 도착할 수도 없고 승려도 될 수 없어!"

원래 평생토록 잔소리를 들은 적이 없는 손행자는 삼장법사가 꼬치꼬치 따지고 들자 마음속에 일어나는 분노를 참을 수 없어 마침내 소리치고 말았다.

"사부님이 제가 좋은 승려도 될 수 없다, 서천으로 갈 수도 없다고 생각하신다면, 저를 미워하면서까지 함께 갈 필요가 어디 있겠어요. 저는 돌아갈래요! 돌아갈래!"

삼장법사가 반 마디 대꾸를 하기도 전에, 손오공은 자기 성미대로 몸을 휙 돌리더니 "손오공이 간다!"라고 소리치고는 날아갔다.

2-2.
「긴고주」를 외어 손오공을 제압하는 삼장법사

삼장법사가 고개를 들고 말했다.
"너는 도대체 어디를 갔다 오는 거냐? 갈 수도 없고 움직일 수도 없어, 그저 여기서 너를 기다리고 있었다. 내가 말이 좀 심해서 네가 나를 원망한 거 잘 알고 있다. 하지만 이놈아, 너도 잘못했어. 그렇게 성질을 내고 나를 버리고 가다니! 너같이 하늘을 날 수 있는 놈은 차도 얻어 먹을 수 있지만, 나처럼 그런 능력이 없는 자는 여기서 배를 곯고 있어야 하지. 그러니 네 놈도 좀 미안해해라."
손행자가 말했다.
"사부님, 배가 고프시면 제가 공양을 구하러 갔다 오겠습니다."
삼장법사가 말했다.

"그럴 필요 없다. 짐 보따리에 유태보의 모친이 주신 말린 식량이 있다. 너는 발우를 들고 가서 물 좀 떠오너라. 요기를 한 다음에 길을 가자구나."
손행자가 짐 보따리를 열어보니 구운 호떡 몇 개가 있었다. 손행자는 그걸 쥐고 삼장법사에게 건넸다. 그런데 보따리 안에 빛나는 비단옷과 금을 박은 화려한 모자가 보였다. 손행자가 말했다.
"이 모자는 동쪽 나라에서부터 가져오신 거예요?"
삼장법사가 자연스레 말을 받아 대답했다.
"그것은 내가 어렸을 때 썼던 것이다. 그 모자를 쓰면 불경을 배워서 욀 필요가 없지. 쓰기만 하면 금세 욀 수 있거든. 또 그 옷을 입으면 예의범절을 연습할 필요가 없지. 입기만 하면 예의를 차릴 수 있거든."
손행자가 말했다.
"인자하신 사부님, 이것들을 제게 주십시오."
삼장법사가 말했다.
"네 몸에 맞지 않을까 걱정이구나. 맞으면 네가 입도록 해라."
손행자는 입고 있던 옷을 모두 벗고 비단옷으로 갈아입었다. 옷은 흡사 몸에 맞춰서 재단이나 한 듯 꼭 맞았다. 이어 손행자는 모자를 썼다. 삼장법사는 그가 모자 쓴 것을 보고, 밥을 먹다 말고 묵묵히 마음속으로 「긴고주」緊籟呪를 외기 시작했다. 그러자 행자가 소리치며 울부짖었다.

"아악, 아파요! 머리가 아파요! 아파!"

삼장법사가 그치지 않고 주문을 몇 번 더 외자, 손행자는 아픈 나머지 땅을 데굴데굴 굴렀다. 그는 금장식의 모자를 잡아 뜯으려고 했다. 삼장법사는 그 모습을 보고 머리테가 끊어지지는 않을까 걱정되어, 입을 닫고 주문을 멈추었다. 삼장법사가 주문을 더 이상 외지 않자, 손오공의 두통도 사라졌다. 손오공은 손을 뻗어 머리를 만져 봤다. 모자 위쪽에 가만히 새겨진 금테두리 같은 것이 만져졌다. 손오공이 그것을 벗으려고 했지만 벗겨지지 않았고, 잡아 뜯으려고 했지만 뜯기지도 않았다. 흡사 머리에 뿌리를 내린 것만 같았다. 손오공은 귓속에서 여의봉을 꺼내서 머리와 모자 사이에 넣고는 힘을 다해서 바깥으로 당겼다. 삼장법사는 손오공이 머리테를 부술까봐 걱정이 되어, 입으로 다시 주문을 외기 시작했다. 그러자 손오공은 아까처럼 아프기 시작했다. 손오공은 아픈 나머지 땅바닥을 기고 공중제비를 도는 등 난리도 아니었다. 귀와 얼굴이 붉어지고 눈도 붓고 몸도 마비될 정도였다. 삼장법사가 손오공의 이 모습을 차마 볼 수 없어 주문을 멈추었다. 그러자 손오공의 두통이 말끔하게 사라졌다. 낌새를 알아챈 손행자가 삼장법사에게 말했다.
"사부님이 주문을 외셔서 제 머리가 아픈 거로군요."
삼장법사가 시치미를 떼며 말했다.
"내가 왼 건 「긴고경」緊箍經이야. 내가 너에게 왜 주문을 걸겠니?"
행자가 말했다.
"다시 한 번 외어 보세요."
삼장법사는 손오공의 말대로 주문을 외었다. 그러자 손오공의 머리가 또 아프기 시작했다.
"외지 마세요. 외지 마! 주문을 외시면 제가 아파요! 도대체 어떻게 된 일이에요?"
삼장법사가 말했다.
"지금부터는 내 말을 잘 듣겠느냐?"
손행자가 대답했다.
"잘 듣겠습니다."
"다시는 무례하게 굴지 않겠느냐?"
"다시는 그러지 않을게요."

2-3.
삼장법사의 은밀한 호위단

"말이 요괴에게 잡아먹혔으니, 우리는 어떻게 간단 말이냐! 정말 내 신세가 처량하구나. 앞길은 온통 산과 물인데, 어떻게 걸어간단 말이냐!"
삼장법사는 말을 하면서 눈물을 비오듯 흘렸다.
손행자는 삼장법사가 우는 꼴을 보고 벌떡 일어났다. 손행자는 화를 내며 큰소리쳤다.
"사부님, 바보 같은 꼴 좀 보이지 마세요! 자, 여기 앉아 계세요. 제가 요괴를 찾아 우리 말을 돌려 달라고 할게요."
삼장법사가 그를 만류하며 말했다.
"제자야, 어디 가서 말을 찾으려는 거냐? 요괴가 몰래 숨어 있다가 불쑥 튀어나올까봐 겁난다. 그러면 나까지 요괴에게 당할 게 아니냐? 그러면 사람도 잃고 말도 잃는 게 아니겠니! 아서라!"

손행자가 이 말을 듣고는 더욱 분기탱천하여 소리치는데, 그 모습이 흡사 마른 하늘에 날벼락치는 모양새다.

"사부님은 정말 구제할 수 없군요, 구제불능이라구요! 타고 가야 할 말도 있어야 해, 그렇다고 내가 말을 찾으러 가는 것도 안 된다고 해. 도대체 어쩌자는 거예요? 여기서 그냥 짐만 지키고 있어요? 여기서 앉아 그냥 늙어 죽어요?"

으르렁 대며 큰소리를 치는 게 분노가 쉬이 그칠 모양새가 아니었다. 그러자 공중에서 목소리가 들렸다.

"제천대성은 화내지 마시오. 삼장법사도 그만 우시오. 우리는 관음보살이 보내신 신들이요. 길 위의 그대들을 몰래 보호하라고 하셨소."

말소리를 들은 삼장법사는 황망히 예배를 올렸다. 손행자가 말했다.

"너희들은 몇 명이냐? 빨리 이름을 밝혀라. 그래야 내가 점호하기 좋지."

신들이 말했다.

"우리는 육정육갑六丁六甲, 오방게체五方揭諦, 사치공조四値功曹, 십팔 명의 가람 호위단이오. 각각 교대로 순번을 정해서 삼장법사를 보호하고 있습니다."

행자가 말했다.

"오늘 당번은 누구냐?"

게체들이 대답했다.

"정갑, 공조, 가람의 순서인데, 우리 오방게체 중 금두게체金頭揭諦가 주야로 좌우를 떠나지 않고 있습죠."

행자가 말했다.

"그렇다면 오늘 당번을 빼고는 물러가라. 육정 신장神將과 일치공조 및 게체들은 남아서 사부님을 보호해라. 내가 저 계곡에 있는 몹쓸 용을 찾아서 말을 찾아오겠다."

신들은 명령을 따랐다.

그제야 마음이 놓인 삼장법사는 바위 위에 앉더니 이렇게 손행자에게 분부했다.

"행자는 조심하거라."

행자가 말했다.

"사부님은 안심하세요."

행자는 옷을 가다듬고 호피무늬 치마를 걷어 올리고 여의봉을 쥐고 근두운을 타고 떠났다.

2-4.
재물을 자랑하다 곤경에 빠지다

주지는 잠시 장난을 쳐볼 요량으로 도인道人에게는 창고를 열라 하고, 행각승에게는 궤짝을 실어 나르게 했다. 명령을 받은 이들은 열두 궤짝을 지고 나오더니, 마당 한가운데에 놓고 자물쇠를 열었다. 양쪽으로 옷걸이를 설치하고 사방으로 밧줄을 연결해서 가사를 하나씩 걸어 잘 보이게 진열했다. 그런 뒤 삼장법사를 청했다. 과연 마당은 화려한 가사로 가득 찼다. 손행자가 가사를 하나씩 관찰했다. 하나같이 꽃무늬 비단에다 금색 비단으로 수놓은 것들이었다. 손오공이 웃으면서 말했다.

"좋군요, 정말 좋아요! 이제 치우세요, 치워! 우리 사부님이 갖고 있는 것을 보여드리지요."

삼장법사는 행자를 만류하면서 조용하게 말했다.

"제자야, 사람들과 부유함을 겨루지 말라고 했다. 너랑 나는 지금 단신으로 외지에 나와 있는 처지인데, 잘못될까 겁나는구나."

행자가 말했다.

"그저 가사 좀 보여 주기로, 무슨 잘못이 있겠어요?"

삼장법사가 말했다.

"너는 도대체 세상 이치라곤 전혀 모르는구나. 옛사람이 이르길, '진기한 보물은 그것을 보는 자로 하여금 탐심을 불러 일으켜서 사단을 일으킨다'고 했다. 물건이 눈에 박히면 반드시 마음이 동할 것이고, 마음이 동하면 반드시 얻고자 하는 계략을 세운다는 말씀이지. 재앙을 꺼린다면 대책을 찾아야 할 것이야. 그렇지 않으면 몸도 상하고 목숨도 잃는 일이 일어날 터이니, 결코 작은 일이 아니란다."

행자가 말했다.

"걱정 마세요, 걱정 마! 제가 다 알아서 할 테니까."

손오공은 삼장법사의 걱정 따윈 무시하고 재빨리 짐 보따리를 향해서 걸어갔다. 보따리를 풀어 헤치니 미리부터 노을빛이 그 속에서부터 피어났다. 두 겹의 기름 입힌 종이를 벗기니 가사가 나왔다. 가사를 펼치는 순간, 붉은 빛이 건물 내부에 가득 찼고 오색찬란한 기운이 마당을 가득 채웠다. 승려들이 가사를 보고 누구 하나 마음으로 기뻐하며 칭찬하지 않는 자가 없었다. 정말 훌륭한 가사였다.

노스님이 삼장법사의 가사를 보자 과연 간사한 마음이 일어났다. 앞으로 나서더니 삼장법사에게 무릎을 꿇고 눈에는 눈물을 덩그러니 담고 말했다.

"제자가 정말로 인연이 없군요!"

삼장법사가 노스님의 손을 잡고 일으키며 말했다.

"노스님께선 어찌 그런 말씀을 하십니까?"

노스님이 말했다.

"이 보물을 꺼내 우리에게 보여 주셨을 때, 날은 이미 어두워져 저의 침침한 눈으로는 찬찬히 볼 수가 없군요. 그러니 어찌 인연이 있다고 할 수 있겠소이까?"

삼장법사가 말했다.

"손 등불을 갖고 오라 하겠으니, 그것으로 다시 한 번 보시지요."

그러자 노스님이 말했다.

"위용도 찬란한 보물이 이미 빛을 발휘하였는데, 등불을 가져와서 본다 한들 그저 제 눈만 부실 뿐, 자세히 볼 수도 없지요."

행자가 말했다.

"그럼 노스님께선 어떻게 봐야 좋겠습니까?"

노스님이 말했다.

"노승에게 넓은 은혜를 베풀어 주신다면, 제자들을 시켜 뒷방에 가져다 놓고 하룻밤 동안 자세히 보았다가, 내일 아침 일찍 그대에게 드리겠소. 그렇게 해도 되겠소?"
삼장법사가 이 말을 듣고는 깜짝 놀랐다. 삼장법사는 손행자를 원망하며 말했다.
"모두 네 탓이야, 네 탓!"
손행자가 웃으면서 말했다.
"사부님은 무얼 겁내세요? 제가 가사를 잘 쌀 테니까, 가져 가서 보라고 하세요. 제가 모두 책임지겠습니다."
이렇게까지 하니 삼장법사는 차마 막을 수 없어 가사를 노스님에게 건네주고 말았다.

2-5.
저팔계와 만난 손오공

한 차례 광풍이 휩쓸고 지나간 자리에 공중에서 요괴 한 마리가 내려왔다. 그 모습은 추악하기 그지없었다. 검은 얼굴에 짧은 털, 긴 주둥이에 큰 귀를 가진 요괴는, 푸르딩딩한 색의 옷을 입고 머리에는 꽃무늬 두건을 두르고 있었다. 요괴의 신부로 변신하여 침상에 누워 있는 손행자는 몰래 웃으면서 생각했다.
'알고 보니 저런 놈이었군!'
행자는 그를 본체만체했고 그에게 안부도 묻지 않았다. 그저 침상에 누워서 아픈 듯이 입으로 시종 신음 소리를 냈다. 요괴는 신부가 진짠지 가짠지 아픈지 어쩐지 알지도 못하고 방 안으로 들어오더니 침상 기둥을 잡고는 신부에게 입을 맞추려고 했다. 행자가 속으로 또 웃으며 생각했다.

'어라, 이게 나를 놀리려는데.'

손행자는 즉각 나법拿法을 써서 요괴의 긴 주둥이를 밀쳐서 내동댕이쳤다. 요괴는 침상 아래로 떨어지며 머리를 바닥에 쿵 찧었다.

요괴가 엉금엉금 기어서 일어나더니 침상 기둥을 잡고 말했다.

"누이, 오늘 왜 이렇게 나를 못살게 구오? 내가 늦게 와서 그러오?"

"그렇지 않아요, 그렇지 않아!"

"나를 원망하지 않는다면서 왜 나를 밀친 거요?"

"당신은 대체 어떻게 된 자기에 보자마자 입을 맞추려고 하시는 겁니까! 나는 오늘 기분이 정말 좋지 않아요. 평상시처럼 기분이 좋았다면 일어나서 문을 열고 당신을 맞았을 거예요. 옷을 벗기고 잠들었을 거라구요."

이 말을 이해하지 못한 요괴는 진짜로 옷을 벗으려고 했다. 행자가 벌떡 일어나더니 요강에 가서 앉았다. 요괴는 아까처럼 다시 침상으로 오르더니 이부자리를 한번 훑었다. 그런데 침상 위에는 아무런 기척이 없었다.

"누이, 어디로 간 거요? 옷 벗고 어서 잡시다."

행자가 말했다.

"먼저 주무세요. 나는 똥을 눠야겠어요."
그러자 요괴는 행자의 말대로 옷을 먼저 벗고 침상 위로 가서 누웠다. 행자가 갑자기 탄식하며 말했다.
"조물주도 참 짓궂으시구나!"
요괴가 물었다.
"뭘 고민하는 거요? 조물주가 어쨌기에 짓궂다는 거요? 내가 당신네 집에 와서 변변찮은 음식을 먹으면서도 당신 집안일을 다 봐주지 않았소. 당신 가족을 대신해서 마당도 쓸고, 논밭의 물길도 터주고, 벽돌과 기와도 날라주고, 흙을 쌓아 담도 축조했고, 씨도 뿌리고 김도 매고 가을걷이까지 해줬지. 그래서 당신네 집이 부유하게 됐잖소. 지금 당신이 입고 있는 비단옷이랑 차고 있는 금장식이랑 일 년 내내 당신이 먹는 모든 것들은 모두 이 내가 마련한 게 아니오? 그런데 이렇게 탄식하다니, 말해 보시오. 도대체 왜 조물주가 짓궂다는 거요?"
"그걸 말하는 게 아녀요. 오늘 부모님이 오시더니 담을 사이에 두고 행패를 부리셨어요. 심지어 저를 패기도 하셨어요."
요괴가 놀라 말했다.
"당신을 때리다니, 왜?"
"부모님이 말씀하시길, 당신과 내가 부부지간이 된

것은 당신이 그분들의 사위가 되었다는 거잖아요. 그런데 당신은 한 번도 체면과 예의를 갖춰서 인사한 적이 없잖아요. 이렇게 추악한 얼굴을 하고 있으니 친척들에게도 소개할 수도 없고, 또 당신은 구름처럼 왔다가 이슬처럼 가니, 막말로 당신이 어디 사람인지, 성이 뭔지, 이름은 뭔지 명확한 게 하나도 없잖아요. 부모님의 얼굴에 먹칠을 하고 집안의 명성을 훼손한 것이라면서 저를 막 때리셨어요. 그래서 제가 고민스러운 거예요."

"내가 생긴 건 좀 우악스럽지. 그런데 만약 준수하게 하고자 한다면 그건 어렵지 않아. 내가 처음 왔을 때 장인어른께 이야기를 했다오. 내 애길 듣고 장인어른은 나를 받아들인 거잖소. 그런데 지금 왜 이런 이야기를 다시 거론하는지 모르겠군! 우리 집은 복릉산福陵山 운잔동雲棧洞에 있소. 나는 내 생김새를 성씨로 삼고 있지. 그래서 성은 저猪씨고, 관명은 강엽剛鬣이오. 장인어른이 다시 나에 대해 묻거들랑 이렇게 말해 주시오."

행자는 속으로 기뻐하며 생각했다.

'이 요괴는 진실된 놈이구나. 별 힘 들이지 않고 이자의 정체를 알게 되었네. 사는 곳, 성명을 알게 되었으니 어떡하든 잡을 수 있겠군.'

2-6.
제자가 된 저팔계

삼장법사가 말했다.
"오공아, 어째서 저자를 잡아서 내게 인사시키는 것이냐?"
손행자가 요괴를 묶은 줄에서 손을 놓고, 쇠스랑을 들어 요괴를 때리면서 말했다.
"이 바보야, 어서 말씀드려!"
그러자 요괴는 관음보살과 만났던 일들을 자세하게 삼장법사에게 아뢰었다. 삼장법사가 크게 기뻐하면서 말했다.
"고태공님, 향을 피울 탁자 좀 빌립시다."
고씨가 급히 향 탁자를 가져왔다. 삼장법사는 손을 깨끗하게 씻고 향을 태우며 남쪽을 향해 예배하며 말했다.

"관음보살의 크나큰 은혜에 감사드리옵니다."
옆에 있던 사람들도 일제히 향을 태우며 예배를 올렸다. 예배가 끝나자, 삼장법사는 거실의 높은 곳에 앉아서 분부를 내렸다.
"오공은 밧줄을 풀어주어라."
행자가 몸을 한 번 부르르 흔들자, 요괴의 몸을 묶고 있던 밧줄이 스르르 풀렸다. 요괴도 삼장법사에게 다시 절을 하고는 서쪽으로 따라가기를 원한다고 말했다. 또 행자에게도 절을 하고 먼저 들어왔으니 형으로 모시겠노라고 했다. 삼장법사가 말했다.
"기왕에 선과善果를 구하기로 결심하고 제자가 되기로 하였으니, 내가 너에게 법명을 지어주어 편히 부르도록 하겠다."
요괴가 말했다.
"사부님, 저는 관음보살로부터 마정수계를 받을 때, 저오능猪悟能이라는 법명도 함께 받았어요."
삼장법사가 웃으면서 말했다.
"저오능이라, 좋구나, 좋아. 너의 사형 이름이 오공이고 네가 오능이니 실로 우리 문파가 맞구나."
오능은 말했다.
"사부님, 제가 관음보살로부터 계행戒行을 명령받았습죠. 오훈삼염五葷三厌: 마늘 등 향이 나는 채소와 육류을 끊는 것이었답니다. 제가 장인 집에서도 재계齋戒를 그치지 않아 오훈삼염은 먹지 않았습죠. 지금 사부님을 뵈었으니, 앞으로 계행을 멈출까 합니다."
삼장법사가 말했다.
"아니다, 아냐! 기왕에 오훈삼염을 먹지 않고 있다고 하니, 내가 너에게 다른 별명을 지어 주마. 그래 너를 팔계八戒라고 부르겠다."
바보는 희희낙락하며 말했다.
"삼가 사부님의 명을 받잡겠습니다."
이로부터 저오능은 저팔계라고 불렸다.

2-7.
항상 배고픈 저팔계

그날 한창 길을 가고 있을 때였다. 하늘이 갑자기 어두워졌다. 그리고 산길 옆으로는 시골집이 보였다.
삼장법사가 말했다.
"오공아, 경치가 흡사 '해가 서산으로 떨어지니 불거울이 숨고, 달이 동해에 떠오르니 얼음 바퀴가 드러나는' 것 같구나. 다행히 길가에 인가가 있으니, 하룻밤 묵고 내일 다시 출발하기로 하자."
팔계가 말했다.
"좋습니다. 저도 배가 고파요. 인가에 가서 공양이나 빌어먹읍시다. 힘이 나야 짐도 메고 길을 가죠."
행자가 말했다.
"이런 집 귀신이 씌운 놈을 봤나. 집을 떠난 지 며칠이나 됐다고, 아쉬운 소리를 하는 게냐!"

팔계가 말했다.

"형님처럼 바람과 연기를 먹고 사는 자는 모르오, 몰라. 며칠 동안 사부님의 뒤를 쫓아다니는 저로 말할 것 같으면 오랫동안 배를 곯아도 참아야 해요. 이걸 형님이 어찌 아시겠소?"

삼장법사가 저팔계의 말을 듣더니 따끔하게 말했다.

"오능아, 집을 그리워하는 마음이 여전히 강하게 있다면 그건 출가한 게 아냐. 지금이라도 돌아가거라."

바보가 당황하더니 무릎을 꿇고는 애원했다.

"사부님, 사형의 말을 듣지 마세요. 사형은 저를 해코지하려는 거예요. 제가 언제 원망하는 맘을 가졌다는 겁니까. 사형이 제가 원망한다고 말한 것뿐이라고요. 저는 장[腸]이 꼬이지 않은 바른 자랍니다. 제가 말한 건 뱃속이 비어서 배가 고프니 인가에 공양을 구하러 가는 게 좋겠다고 한 것뿐입니다. 그런데 저더러 집 귀신이 붙었다니 뭐니 사형이 욕한 거지요. 관음보살의 계행을 지키고 있으며, 또한 사부님도 아껴 주시는데 제가 어찌 사부님의 서천행을 기꺼이 모시지 않겠습니까! 맹세컨대 물러서 후회하는 일은 없을 겁니다. 이를 '고통을 통한 수행'이라고 한다던데, 이게 어찌 출가의 결심이 아니겠습니까?"

삼장법사가 말했다.

"그렇다면 어서 일어나거라."
바보는 몸을 펴고 일어났다. 입으로는 계속 궁시렁거렸지만, 짐을 메고 억울한 마음도 다잡으면서 땅을 구르듯 그들을 따라갔다.

2-8.
유사하의 괴물 사오정을 만나다

시간은 빨리 흘러, 여름이 훌쩍 지나더니 가을로 접어들었다. 귀뚜라미 울음소리가 들리더니 반딧불이도 서쪽을 향해 날아다녔다. 한참을 걸어가고 있는데, 세찬 물살이 거침없이 흐르는 큰 강가에 도착했다. 삼장법사가 말에서 다급히 소리쳤다.
"제자야, 앞의 강물이 정말로 넓고도 세차게 흐르는구나. 배가 보이지 않는데 어떻게 가면 좋겠느냐? 어디서 강물을 건널 수 있을까?"
팔계가 강을 흘깃 보고는 말했다.
"정말 어마어마한 물살이군요. 건너갈 배도 없겠는데요."
손행자가 공중으로 툭 튀어 올라가더니, 손으로 양산을 만들듯이 하고는 저 멀리까지 봤다. 그도 깜짝 놀라며 말했다.

"사부님, 정말 큰일인데요, 큰일이에요! 저라면 허리를 한 번 비트는 사이에라도 건너갈 수 있지만, 사부님은 죽었다 깨어나도 건너시긴 힘들겠어요, 정말 힘들겠어요."

삼장법사는 근심에 싸여서 한숨을 푹푹 쉬고 말머리를 잠시 돌렸는데, 갑자기 강 언덕 위에 서 있는 비석이 보였다. 일행이 일제히 걸어가서 보니, 비석에는 전자篆字로 세 글자가 쓰여 있었다. "유사하流沙河."

사부와 제자들이 비문을 읽고 있는데, 뒤에서 파도가 산처럼 일어나는 소리가 들렸다. 급히 돌아서서 바라보니 파도는 흡사 산맥처럼 이들을 향해 달려왔고 그 안에서 요괴가 미끄러지듯 나타났다. 그 모습은 참으로 흉악스러웠다. 화염처럼 붉은 머리카락은 봉두난발을 하고 있었고, 검지도 푸르지도 않은 푸르딩딩한 얼굴 한가운데에 두 눈이 등불처럼 동그랗게 빛났다. 목소리는 우레 치듯 북을 치듯 울렸다. 몸에는 아황색 망토를 걸치고 있었고, 허리에는 하얀 등나무로 만든 띠를 두 갈래로 동여매고 있었다. 목에는 아홉 개의 해골로 만든 목걸이를 걸고, 손에는 보장寶仗을 쥐고 있었는데 그 모습이 자못 위세등등했다.

요괴는 회오리바람을 일으키고 강가 언덕으로 올라

와 삼장법사를 채가려고 했다. 불시의 공격에 당황한 행자는 삼장법사를 안고 더 높은 곳으로 급히 몸을 피했다. 저팔계는 멜대를 내려놓고 쇠스랑을 꺼내 들고는 요괴를 향해 내리쳤다. 요괴는 보장으로 막았다. 두 사람은 유사하 언덕에서 각각 자신들의 능력을 마구 뽐냈다.

쇠스랑과 보장으로 한 대 치면 한 대 막는 식으로, 둘은 이십여 합을 겨뤘으나, 승부가 나지 않았다. 손오공은 삼장법사를 보호하면서 말을 끌고 짐을 지키면서 팔계와 요괴가 서로 싸우는 모습을 봤다. 둘의 승부가 나지 않자 손오공은 입술을 깨물며 이빨을 갈고, 손바닥을 문지르고 주먹을 쥐었다 폈다 했다. 당장이라도 요괴를 치러갈 심산인 양 안절부절했다. 결국 손오공은 여의봉을 꺼내들고 삼장법사에게 나서며 말했다.

"사부님, 여기 앉아계세요. 두려워하시지 마세요. 제가 저 요괴 놈과 한판 놀다 올게요."

삼장법사는 그를 만류하고 싶었으나 그럴 수 없었다. 손오공은 휘파람을 불더니 앞으로 폴짝 뛰어갔다. 요괴와 팔계는 한창 호각세를 이루며 싸우고 있는 중이었다. 행자가 요괴의 머리를 향해 여의봉을 크게 휘둘렀다. 요괴는 급히 몸을 돌리더니 황망히 몸을 숨겨 유사하 안으로 도망갔다. 화가 난 팔계가 발작하면서 손오공에게 따지고 들었다.

"형님, 누가 여기에 오라고 했소! 저 요괴의 움직임이 점점 느려지며 내 쇠스랑을 힘들어하고 있었단 말이오. 이제 대여섯 합이면 내가 그를 사로잡았을 거란 말이오. 그놈이 형님의 흉측한 몰골을 보고 도망쳤으니, 이제 어쩌려오?"

행자가 웃으면서 말했다.

"동생아, 솔직히 말해 지난번에 황포요괴를 항복시킨 이후로 이번 달에는 요괴의 얼굴도 못 봤잖아. 그래서 나도 여의봉을 놀릴 일이 없었거든. 너랑 요괴가 싸우는 걸 보니 몸이 근질근질하더라. 그래서 나도 한판 놀아볼까 싶어서 이렇게 뛰어든 거야. 저놈이 놀지도 않고 도망갈 거라고 누가 알았겠냐!"

2-9.
몸소 다녀야만 고해를 초탈할 수 있지

삼장법사가 말했다.
"어떻게 하는 게 좋겠느냐?"
행자가 말했다.
"사부님은 안심하세요. 걱정하지 마세요. 어두워졌으니, 여기에 앉아 쉬고 계세요. 제가 공양을 얻으러 갔다 오겠습니다. 식사를 하신 후에 주무시고, 내일 다시 길을 가지요."
팔계가 맞장구쳤다.
"맞아요, 맞아. 형님, 빨리 갔다 빨리 오시구랴."
행자는 재빨리 구름으로 튀어 올랐다. 눈 깜짝할 사이에 북쪽의 인가에 도착하여 공양을 얻고는 돌아와서 삼장법사에게 바쳤다. 삼장법사는 손오공이 금방 갔다가 금방 돌아오는 걸 보고는 이렇게 말했다.

"오공아, 네가 공양을 구하러 간 집 말이다. 그곳으로 가서 강을 건널 방법이 있는지 한번 물어보거라. 그러면 이 요괴와 싸울 필요도 없지 않겠느냐?"

행자가 웃으면서 말했다.

"제가 갔다 온 곳은 아주 멀리 있답니다. 왕복 육칠천 리쯤 되는 곳이지요. 그러니 그 집 사람들이 물이 있다는 걸 알기나 하겠습니까? 물어봐야 입만 아플 뿐이지요."

팔계가 말했다.

"형님, 또 거짓말 치시는구랴. 육칠천 리의 거리라면 어떻게 이렇게 빨리 갔다 올 수 있단 말이오?"

행자가 말했다.

"동생은 잘 알아두게, 이 형님의 근두운은 말이야, 한 번에 십만 팔천 리를 간다고. 고작 육칠천 리 따위는 고개를 두 번 끄덕이는 동안, 허리를 활처럼 한 번 휘는 시간 동안이면 갔다 올 수 있지."

팔계가 말했다.

"형님, 그렇다면 일이 쉽게 되겠소. 형님이 사부님을 등에 업고 고개를 두 번 흔드시고 허리를 구부려서 강을 넘어가면 되겠소. 하필 힘들게 요괴 놈과 싸운단 말이오?"

행자가 말했다.

"너, 구름 탈 줄 모르지? 사부님을 태우고 날 수 있을 것 같아?"
팔계가 대답했다.
"사부님은 보통 인간의 육신인지라, 태산만큼이나 무겁소. 내가 구름을 탈 수 있다고 한들, 어떻게 그 무게를 감당하겠소? 그러나 형님의 근두운이라면 가능할 거요."
행자가 말했다.
"나의 근두운도 구름일 뿐이야. 고작 얼마쯤은 갈 수 있겠지. 너도 사부님을 태우고 날아갈 수 없는데, 근두운이라고 어떻게 태울 수 있겠냐? 옛말에 이르길, '태산을 겨자씨처럼 가볍게 옮길 수는 있어도, 범부를 끼고는 홍진세상을 벗어날 수 없다' 했지. 이 발칙한 요괴 놈도 그래! 내가 섭법攝法을 쓰거나 바람을 일으켜서 질질 끌고 갈 수는 있지만, 공중으로 끌고 갈 수는 없지. 이런 술법 따위 이 손 어르신에게 어렵지 않아. 또 은신법, 축지법 등등을 나는 다 알고 있지. 하지만 사부님은 고생스럽게 이국異國을 제 발로 걸으셔야 해. 그렇지 않고서는 고해苦海를 초탈하실 수 없어. 때문에 한 걸음씩 어렵게 길을 가는 거지. 나와 너는 사부님의 몸과 생명을 보호할 수 있을 뿐, 대신해서 이 고뇌를 없애 준다거나 불경을 대신 받거나 할 수 없어. 가령 우리가 먼저 달려가서 부처님을 뵙고 불경을 달라고 해도 부처님은 불경을 우리에게 주려고 하지 않으실 거야. 이건 바로 '쉽게 얻은 것은 등한시하기 마련'이라는 이치지."

저팔계는 이 말에 수긍했다. 반찬도 없는 밥을 먹은 뒤, 사부와 제자들은 유사하의 동쪽 강 언덕에서 쉬었다.

2-10.
귀의한 사오정

사오정은 보장을 거둬들이고 누런 승복을 정돈하고는 강 언덕으로 뛰어올랐다. 삼장법사 앞으로 가서 두 무릎을 꿇고 아뢰었다.

"사부님, 제자가 눈은 있사오되 눈동자가 없사와 사부님의 용안을 알아채지 못해 여러 사단을 만들었습니다. 너그러이 용서해 주십시오."

팔계가 말했다.

"이 똥자루 녀석아, 어째서 일찌감치 귀의하지 않고 나랑 다퉜단 말이냐? 할 말이라도 있느냐?"

손행자가 웃으면서 말했다.

"팔계야, 너무 그를 탓하지 마라. 우리가 경전을 가지러 가는 일이랑 우리의 이름을 밝히지 않았기에 일이 이렇게 된 거지 않느냐!"

삼장법사가 말했다.

"너는 성심으로 우리 불문에 귀의하겠느냐?"

오정이 대답했다.

"제자가 일찍이 관음보살의 교화를 입었사온데 그분께서 저에게 유사하의 '사沙'를 성씨로 주셨고 법명도 지어주셨습니다. 사오정沙悟淨이라고 하옵니다. 제가 어찌 사부님을 따르지 않겠습니까?"

삼장법사가 말했다.

"그렇다면 좋다! 오공아, 계도戒刀를 가지고 오너라. 그의 머리카락을 잘라야겠다."

손행자가 삼장법사의 말을 받들어 계도를 가져와서 사오정의 머리를 밀었다. 사오정은 삼장법사에게 다시 절을 올리고, 행자와 팔계에게도 큰형 작은형 하면서 절을 했다. 삼장법사는 사오정이 예의를 행하는 모습과 화상의 분위기가 물씬 풍기는 것을 보고, 그를 사화상沙和尙이라고 부르기로 했다. 이 모습을 옆에서 보고 있던 목차木叉가 이렇게 말했다.

"이왕 부처님을 모시기로 하였으니 더 이상 지체하거나 고민하지 마라. 자, 어서 빨리 배를 만들어 길을 떠나도록 해라."

오정은 감히 태만히 할 수 없어 목걸이로 만들어 걸어두었던 해골을 벗었다. 그러더니 밧줄을 이용해 해골을 구궁九宮 모양으로 연결했다. 그 안에 보살이 준 호로胡蘆를 깔고 삼장법사에게 타라고 청했다. 삼장법사가 그 배에 올라 위쪽에 앉자, 배는 소리도 없이 강 언덕으로 미끌어졌다. 삼장법사를 가운데로 그 왼쪽에는 팔계가 그를 부축하고 오른쪽에는 오정이 섰고 손행자는 뒤쪽에서 용마를 끌었다. 구름과 안개가 이들 뒤를 따랐다. 삼장법사의 머리 바로 위쪽에는 목차가 보호하고 있었으니, 일행은 물살이 잔잔하고 바람이 잦아든 유사하를 무사히 건널 수 있었다. 이 모습은 흡사 화살이 나는 듯했다. 얼마 되지 않아 배는 맞은 편 강 언덕에 닿았다.

일행은 손과 발에 물방울도 묻히지 않은 채로 별 일 없이 강을 건너 맞은 편 뭍으로 오를 수 있었다. 목차는 주었던 호로를 거둬들였다. 이들이 타고 온 해골은 아홉 줄기의 바람으로 흩어지더니 눈 깜짝할 사이에 사라졌다. 삼장법사는 목차에게 감사를 드리고, 관음보살에게도 절을 올렸다.

낭송Q시리즈 서백호
낭송 서유기

3부
티격태격 가는 길

3-1.
인삼과를 훔치다 ①

두 동자는 두 개의 과일을 쟁반에 담아서 들고 나와 삼장법사에게 바치면서 말했다.

"당나라에서 오신 스님, 우리 오장관五莊觀은 외지고 황량하여 드릴 만한 물건이 없습니다. 여기 열매 두 알을 올리오니, 드시고 목이나 축이시지요."

삼장법사는 두 동자가 올린 열매를 보고, 몸을 부들부들 떨면서 몇 걸음이나 뒷걸음쳤다.

"아니, 이런! 세상에 이런 일이! 올해는 풍년이 들었다고 하고 지금은 또 가을걷이가 한창인데, 어째서 이곳에서는 흉년이 든 듯 사람을 먹는단 말이요? 이것은 태어난 지 사흘도 채 되지 않은 어린아이가 아니오? 어째서 나더러 이걸 먹으라는 거요?"

청풍淸風이 속으로 생각했다.

'이 승려는 말로 시비를 가리는 세상에서 살았다더니 여전히 보통 사람의 육신과 눈을 가졌구나. 우리 선가의 보물을 알지 못하는구나.'
명월明月이 앞으로 나아가며 말했다.
"스님, 이것은 '인삼과'人蔘果라고 하는 열매로, 드셔도 괜찮습니다."
삼장법사가 큰소리로 꾸짖었다.
"닥치시오, 닥쳐! 자식이 세상에 태어나기까지 산모는 아주 큰 고통을 당한다고 했소. 그런데 낳은 지 삼일도 채 되지 않은 아이를 열매라며 나더러 먹으라니, 그게 말이나 되오?"
청풍이 말했다.
"인삼과는 나무에 열린 것입니다."
삼장법사가 대답했다.
"무슨 소리를 하는게요! 됐소, 됐어. 나무에서 사람이 열린다니 그게 말이나 되는 일이오? 홍, 어서 가져가시오. 사람 같지도 않은 자들 같으니라고!"
두 동자는 삼장법사가 완강하게 거절하자 쟁반을 들고 자기네 방으로 물러났다. 열매는 나무에서 뗀 지 오래되면 딱딱해져서 먹을 수 없다. 두 동자는 방으로 돌아와서 한 사람에 하나씩 침상에 앉아서 맛있게 먹었다.

그런데 사건이 또 일어날 운명이었는지, 동자들의 방 옆은 부엌이었고 팔계가 그곳에서 마침 밥을 짓고 있었다. 팔계는 동자들이 인삼과를 먹으면서 나눈 대화를 듣고 말았다. 쇠막대기로 쳐야 한다느니 단약 쟁반이 있어야 한다느니 삼장법사가 인삼과를 알아보지 못해 자신들이 이걸 먹고 있다느니 하는 이야기였다. 저도 모르게 귀를 벽에 대고 그들이 나누는 이야기에 심취한 저팔계의 입에는 침이 줄줄 흘렀다.
"하나라도 맛봤으면!"
자신의 처지를 생각하니 혼자 힘으로는 인삼과를 얻을 수 없을 것 같았다. 저팔계는 손행자가 오기를 기다려 그와 계책을 세우기로 했다. 부엌문 옆에 서서 불을 땔 생각도 하지 않고 이제나저제나 손오공이 오기만을 기다렸다. 그러다가 저팔계는 갑자기 머리를 쭈욱 길게 뽑더니 바깥 동정을 살피기 시작했다. 얼마 되지 않아 손행자가 말을 끌고 와서 나무에 매어 두고는 뒤로 가는 모습이 보였다. 저팔계는 급히 손을 흔들어 손행자를 불렀다.
"여기요, 여기!"
손행자는 몸을 돌려 부엌 문으로 왔다. 그러면서 말했다.
"멍청아, 왜 이리 소란이냐? 밥이 모자랄까봐 걱정이

라도 되냐? 사부님을 배불리 먹이고 우리는 밖에 나가 공양을 얻어다 먹으면 되잖아."
팔계가 말했다.
"형님, 어서 좀 들어오슈. 밥이 적어서 그러는 게 아니오. 여기 오장관에 보물이 있대요. 형님도 그거 알고 계셨소?"
행자가 말했다.
"무슨 보물이래?"
팔계가 웃으면서 말했다.
"형님께 말씀드려도 형님은 모를 거요. 가져다줘도 형님은 그게 보물인지도 모를 걸요."
행자가 말했다.
"이 멍청이가 지금 나 손오공을 놀리는 거냐. 나로 말할 것 같으면 오백 년 전 신선의 세계에서 노닐 때 바다 끝, 하늘 끝에서 노닌 인물이야. 이런 내가 못 알아볼 게 뭐가 있어?"
저팔계가 말했다.
"형님, 혹시 인삼과라고 본 적 있소?"
행자가 놀라서 말했다.
"그건 나도 진짜 본 적은 없어. 하지만 사람들이 말하는 걸 듣긴 들었지. 인삼과는 초환단草還丹이라고도 하는데, 이걸 먹으면 수명이 연장된다지. 지금 여기서 그걸 얻을 수 있단 말이냐?"
팔계가 말했다.
"여기에 그게 있소. 동자들이 사부님께 두 개를 올렸다는데, 사부님이 그게 뭔지 모르셨나 봐요. 말하는 걸 들으니 모습은 태어난 지 채 삼 일도 안 된 어린아이 꼴이랍니다. 그래서 사부님이 그걸 먹을 엄두를 내지 못하셨나보오. 그런데 형님, 사부님이 먹지 않겠다고 했으면, 그걸 우리에게 권해야 하는 게 맞지 않소? 그 동자 놈들이 우리에게는 한마디도 하지 않고 자기네 방 안에서 한 사람이 하나씩 아작아작 먹더이다. 그 소리를 듣고 있는데 침이 절로 고입디다. 형님, 맛이라도 보고 싶은데, 방법이 없겠소? 형님이라면 방법이 있을 것 같소. 정원에 몰래 들어가 몇 개라도 따와 맛이나 좀 봅시다. 어떻소, 형님?"
행자가 말했다.
"그건 어렵지 않지. 내가 가서 따오마."
행자는 급히 몸을 돌리더니 부엌을 나갔다. 팔계는 달려가는 손오공의 등 뒤에서 쉬지 않고 말했다.
"형님, 내가 부엌에서 들으니 쇠막대기로 쳐야 하고 깨끗한 쟁반에 놓아야 하고 어쩌고 말들 합디다."
행자가 말했다.
"알겠어, 알겠다고."

3-2.
인삼과를 훔치다 ②

손오공은 어떻게 할 것인지 미리 생각을 한 뒤에 나무에 올랐다. 한손에는 쇠막대기를 쥐어 나무를 치고 다른 손으로는 승복 옷자락을 펼쳐서 떨어지는 인삼과를 받을 심산이었다. 손행자는 두 가지가 나 있는 곳을 쳐서 세 열매를 얻어 그것을 옷자락으로 받았다. 나무에서 뛰어내린 손행자는 부엌으로 직행했다. 저팔계는 열매를 따서 돌아온 손행자를 보고 웃으면서 말했다.
"형님, 열매 구해 오셨소?"
행자가 말했다.
"자, 이거 봐라. 내가 구해 온 거야. 오정이 입도 막아야 하니 이걸 먹이도록 하자. 오정이를 불러와라!"
팔계가 즉각 손짓을 하며 사오정을 불렀다.

"동생, 이리로 와!"

오정이 짐을 옮기다 말고 부엌으로 뛰어 들어오며 말했다.

"형님, 부르셨소?"

행자가 옷을 펼쳐 보이더니 말했다.

"오정아, 자 한번 봐라. 이게 뭔지 알겠냐?"

오정이 보고 말했다.

"인삼과군요."

행자가 말했다.

"맞아! 너도 알고 있었구나. 이걸 먹어 본 적 있어?"

오정이 대답했다.

"비록 먹어 본 적은 없습니다만, 옛날 권렴대장捲簾大將이었을 때 난여鸞輿를 메고 반도대회에 갈 때 바다 바깥의 신선들이 이 과일을 서왕모西王母에게 올리는 것을 보았습죠. 한 번만 봐도 이게 뭐란 건 알 수 있죠. 그렇지만 먹어 볼 수는 없었습니다. 그런데 형님, 제게 맛보라고 주시는 겁니까?"

행자가 말했다.

"그만 말하고, 형제들도 하나씩 먹어봐."

세 사람은 세 개의 인삼과를 각각 하나씩 먹었다. 저 팔계는 위장도 크고 입도 큰지라, 어린아이처럼 보이는 인삼과를 먹는다는 이야기를 들었을 때부터 뱃속에 든 거지[飢蟲]가 미리 꿈틀댔던바, 과일을 보자마자 순식간에 그걸 쥐더니 입을 크게 벌리고는 우걱우걱 삼켰다. 그러고는 행자와 오정을 눈동자의 흰자가 번들거릴 정도로 쩨려보며 말했다.

"두 분은 무얼 먹고 있으신가?"

오정이 대답했다.

"인삼과."

팔계가 말했다.

"무슨 맛이야?"

행자가 말했다.

"오정아, 팔계에게 일일이 답하지 마라. 팔계 너는 다 먹은 처지에 누구에게 맛을 묻고 난리냐?"

팔계가 말했다.

"형님, 제가 너무 급하게 먹었나 봐요. 두 분처럼 조금씩 음미하면서 먹지 않아선지, 무슨 맛이 났는지도 모르겠어요. 씨가 있었는지 어쨌는지도 모르고 그냥 한입에 꿀꺽 삼키고 말았네요. 형님, '사람에게 잘해 줄 때는 처음부터 끝까지 다 잘해 줘야 하는 법'이라 했소. 내 뱃속의 거지에게 음식 맛을 보게 했으니, 다시 가서 하나만 더 따 주오. 그러면 천천히 음미하면서 먹겠소."

"동생, 너는 만족이란 걸 모르는 놈이구나! 인삼과를

어찌 밥과 국수에 비할 수가 있겠느냐. 만 년에 삼십 개만 열리는 이 열매를 우리가 하나씩 먹을 수 있는 것도 대단한 인연 덕분인 거야. 그러니 욕심 부리지 않는 게 좋아. 그만 됐다! 됐어."
손행자는 이렇게 말하고 저팔계는 거들떠보지도 않은 채 자기 방으로 돌아갔다. 저팔계는 불만에 겨운 나머지 쉴 새 없이 궁시렁거렸다.

3-3.
인삼과를 훔치다 ③

"제자들아, 밥이 다 됐는지 알려고 부른 게 아니다. 여기 오장관에 인삼과라고 하는 열매가 열린다는데, 모양이 어린아이처럼 생겼다고 하는구나. 너희들 중 이걸 훔쳐 먹은 자가 있느냐?"
팔계가 말했다.
"저는 성실하고 진실된 성격의 소유자요. 저는 몰라요, 본 적 없어요."
청풍이 말했다.
"웃고 있는 것을 보니 바로 저자입니다. 웃는 저자 말입니다!"
행자가 큰 소리로 외쳤다.
"손어르신은 태어날 때부터 웃는 얼굴이었어! 무슨 열매 따위가 안 보인다고 난리를 치더니 내가 웃는 것도 뭐라 하는 것이냐!"
삼장법사가 말했다.
"제자는 화를 거둬라. 우리는 출가인이다. 거짓말을 해서는 안 되지. 그리고 먹을 것에 욕심을 내서도 안 된다. 이들의 것을 먹었다면 예의를 갖춰 사죄를 하면 그만이야. 고달프게 서로 대치할 필요가 있겠느냐."
행자는 삼장법사의 말에 일리가 있어 진실을 고했다.
"사부님, 제가 한 일이 아닙니다. 팔계가 벽 너머로 저 동자들이 인삼과 먹으면서 하는 소리를 듣고는 맛보고 싶다면서 저를 붙잡고 늘어지기에, 제가 세 개를 따서 형제들끼리 하나씩 먹었습죠. 저희들이 먹은 건 먹은 것이니, 어떻게 하면 좋을까요?"
명월이 분노했다.
"우리 인삼과를 네 개나 훔쳤으면서 이 화상이 도적이 아니라고 하네!"
팔계가 끼어들며 말했다.
"아미타불! 형님은 네 개를 훔치고서 어찌 세 개만 달랑 들고 올 수가 있소? 미리 하나를 따서 먹은 거 아니오?"
팔계는 엉뚱한 일을 끄집어내면서 호들갑을 떨었다. 동자들은 훔쳤다는 얘기를 듣자 더 심하게 이들을 욕하기 시작했다. 이 욕지거리에 얼마나 화가 났는지 손오공의 이빨 가는 소리가 뿌드득뿌드득 들릴 정도였고, 불처럼 눈이 타올랐다. 여차하면 여의봉을 꺼내서 쑥대밭으로 만들 참이었지만, 참고 또 참았다. 그러면서 손행자는 속으로 이렇게 생각했다.

'이 동자들의 행태가 정말이지 밉상이다. 면전에서 무안을 주고 욕을 해대다니. 이들에게 뒤를 끊는 절후계絶后計를 써서 다른 사람들도 모두 인삼과 따위를 먹지 못하도록 만들어 놓고 말겠다!'

행자는 뒷머리에서 털을 하나 뽑아 입으로 신선의 기운을 불어넣더니, "변해라!"라고 외쳤다. 그랬더니 털은 가짜 행자로 변해서 삼장법사 바로 옆에 서서 두 제자와 함께 동자들의 욕을 한바가지 듣고 있었다. 그러면 진짜 손행자는 어디로 갔을까? 빠져나온 손행자는 구름을 타고 인삼과 밭으로 달려갔다. 손행자는 여의봉을 꺼내서 나무를 때렸고, 태산을 옮길 정도의 신력神力을 써서 나무를 한 그루 한 그루 밀어 쓰러뜨렸다. 인삼과 나무는 가련하게도 엎어지고 흙이 패고 뿌리가 드러났다.

손행자가 나무를 밀고 쓰러뜨리는 동안, 나뭇가지의 과일들은 반 개도 건질 수 없게 되었다. 원래 이 보물은 금金기운을 만나면 떨어진다고 했는데, 손오공이 휘두른 여의봉은 금으로 만든 것일 뿐만 아니라 오금

五金에 속하는 것인지라, 인삼과는 여의봉을 맞는 그 즉시로 떨어졌다. 땅으로 떨어지면 인삼과는 토土기운을 만나 그 속으로 들어간다고 했으니, 이것으로 이 세상에는 하나의 인삼과도 남지 않게 되었다.

3-4.
인삼과를 훔치다 ④

손행자가 인삼과 밭을 쑥대밭으로 만든 사실을 안 동자들은 꾀를 써서 삼장법사 일행을 잡아 관가에 고발하기로 했다. 동자들은 저녁을 준비하여 일행을 방으로 모은 뒤에 바깥에서 자물쇠로 잠가 버렸다. 삼장법사는 행자가 인삼과 밭을 쑥대밭으로 만든 짓을 알고는 원망하며 말했다.

"이 원숭이 놈아! 너는 번번이 사단을 일으키는구나. 그들의 과일을 훔쳐 먹어 욕을 들어먹으면 그만이지, 몇 마디 욕에 화가 난다고 나무를 작살내다니, 어쩌자는 거냐! 만약 이번 일을 고소장이라도 써서 고발한다면 네 할아버지가 판관이래도 들어주지 않을 것이야!"

행자가 말했다.

"사부님, 잔소리 좀 그만하세요. 동자들이 잠자러 갔으니 잠들길 기다려서 야반도주하기로 해요."
오정이 말했다.
"형님, 몇 겹으로 자물쇠가 채워져 문이 모두 꽉 닫힌 상태인데, 어떻게 도망간단 말이오?"
행자가 웃으면서 말했다.
"괜찮다. 나에게 방법이 있어."
팔계가 말했다.
"흥, 방법도 없는 주제에! 형님은 작은 벌레로 변해서 문틈으로 날아서 나갈 수 있겠지만, 우리는 변신할 수 없으니 여기서 벌이나 받고 있을 게 아니오!"
삼장법사가 말했다.
"오공이가 또 무슨 짓을 저지르려고 하면 내가 「긴고경」을 외어 혼내 주마."
팔계가 이 말을 들더니 근심 반 기쁨 반의 심정으로 말했다.
"사부님, 무슨 말씀이세요? 저는 지금껏 「능가경」, 「법화경」, 「관음경」, 「금강경」이니 하는 것들은 들은 적이 있어도 「긴고경」이란 건 들은 적이 없네요."
"동생아, 너는 모를 거야. 내가 쓰고 있는 이 머리테 말이다, 이건 관음보살이 사부님에게 준 것이지. 사부님에게 속아서 이 모자를 쓰게 됐는데, 이게 뿌리를 내린 것처럼 벗겨내려고 해도 벗겨지지가 않아. 게다가 「긴고아주」라고 하는 주문을 외면, 이게 바로 「긴고경」인데, 내 머리가 무지 아파진단다. 사부님은 이걸로 나를 위협하지. 사부님, 주문을 외지 마세요. 제가 어찌 사부님을 버리겠어요. 다 같이 나가도록 해요."

말을 마치자 하늘은 이미 저물었고, 동산에서 달이 떠올라 있었다. 행자가 말했다.

"지금 사방이 조용하고 차가운 달빛이 길을 비추고 있으니 도망가기에 좋겠군."

팔계가 말했다.

"형님, 미친 짓 좀 그만 하슈. 문이란 문에는 다 자물쇠가 잠겨 있는데 어떻게 나간다는 거요?"

행자가 말했다.

"내게 방법이 있지!"

행자가 여의봉을 손바닥에 놓고 비틀면서 자물쇠를 따는 '해쇄법'解鎖法을 썼다. 문을 향해 손가락을 갖다 대자 돌연히 펑! 하는 소리가 나더니 몇 겹으로 걸린 자물쇠들이 모두 바닥으로 투두둑 떨어졌다. 끼이익! 소리가 나면서 문이 열리자 팔계가 웃으며 말했다.

"정말 잘도 하시는구랴! 빈집털이도 이렇게 깔끔하게 열쇠를 딸 순 없을 거요."

행자가 말했다.

"이런 문짝 따위가 대수이겠느냐! 나는 일전에 천궁의 남천문을 이 한 손가락으로 따고 다녔다구!"

말을 마치고 손오공은 삼장법사를 밖으로 모시더니 말에 태웠다. 저팔계는 짐을 멨고, 오정은 말고삐를 잡았다. 행자가 말했다.

"천천히 가고 계세요. 제가 두 동자들이 한 달 정도 잠을 자게끔 만들어 놓고 따라갈게요."

삼장법사가 말했다.

"제자야, 생명에는 지장이 없도록 하거라. 그렇지 않으면 인명까지 해쳤다는 죄목을 더 얻게 될 거야."

"저도 알고 있어요."

행자가 다시 들어가 동자가 자고 있는 방에 갔다. 그는 허리춤에 차고 있던 잠벌레를 두 마리 꺼냈다. 이 잠벌레는 원래 동천문에서 증장천왕增長天王과 내기를 해서 딴 것이었다. 손오공은 잠벌레를 창틈을 통해 집어넣었다. 그러자 잠벌레들은 곧장 동자들의 얼굴을 향해서 달려들었다. 덕분에 동자들은 세상모르게 쿨쿨 잠들었다. 다시 깰 생각이라곤 전혀 없는 듯 보였다. 손오공은 구름을 타고 삼장법사 뒤를 쫓았다. 일행은 큰 길을 따라 줄곧 서쪽으로 걸었다.

3-5.
더 이상 너를 제자로 삼지 않겠다!

"제가 만약 늦게 왔으면 사부님은 요괴의 꾐에 빠져서 어려움을 당하셨을 겁니다."

삼장법사는 남을 잘 믿는 성격이고 좋은 게 좋은 사람이었던지라 손오공의 말을 믿지 않고 [미녀로 변신한 요괴를] 착한 사람이라고 고집했다. 행자가 말했다.

"제가 사부님을 잘 알고 있습죠. 사부님이 요괴의 미모에 푹 빠지셔서 욕망이 움직였나 봅니다. 만약 여인과 함께하고자 하는 마음이 있거든, 팔계더러 나무를 해오라고 하고 오정이더러 초가지붕을 엮을 풀을 베어오라 하세요. 제가 목수가 되어서 여기에다 보금자리를 만들어 드릴 테니, 결혼해서 정주하면 되겠네요. 그러면 우리 형제들도 모두 흩어질 것이니 이것도 좋지 않겠어요? 하필 어려운 길을 갈 필요가 어디 있겠어요? 불경 따위를 가지러 갈 필요도 없겠지요!"
삼장법사는 원래 온화한 자였지만 손오공으로부터 이런 말을 듣고 보니 부끄럽고 수치스러워 귀부터 빡빡 민 머리까지 벌게졌다.
삼장법사가 마음을 진정시키지 못하자, 행자는 또 성깔을 부리기 시작했다. 여의봉을 휘두르더니 요괴의 얼굴을 향해서 일격을 날렸다. 요괴는 다행히 나름의 수단이 있어서 '해시법解屍法'을 쓰더니 여의봉이 날아올 때 정신을 육체에서 빼내어 도망쳤다. 그의 정신이 떠나고 난 후에는 벗어 놓은 옷처럼 시체가 바닥에 널브러져 있었다. 삼장법사는 손오공이 저지른 짓을 보고는 몸을 부들부들 떨면서, 입으로 불경을 외며 말했다.
"이 원숭이 놈이 무례하기 짝이 없구나! 수차례 그러지 말라고 타일렀는데도, 무고한 인명을 해치다니."
행자가 말했다.
"저를 너무 나무라지 마세요. 요괴가 가지고 있던 광주리를 찬찬히 한번 보세요."
오정이 삼장법사를 부축해서 가까이 다가가 광주리를 보니, 그 안에는 김이 모락모락 나는 밥은 고사하고 꼬리를 흔들고 있는 지네들로 가득했다. 이걸 보자 삼장법사는 손오공의 말을 조금 믿게 되었다. 하지만 저팔계의 분노를 어떻게 막을 수 있겠는가! 팔계는 침을 튀기면서 열변을 토했다.

"사부님, 이 여자는 근방의 아낙입니다. 밭으로 참을 가져다주다 우리를 만난 거죠. 우리가 그녀를 요괴라면서 형님이 무시무시한 몽둥이를 휘두르자 한 방에 이 여자가 끝장난 거죠. 형님은 사부님이 「긴고경」을 욀까 두려워, 고의로 눈 가리기 술법[障眼法]을 써서 이런 모습으로 변신시킨 거라구요. 이건 사부님의 눈을 속여 주문을 외지 못하게 하려는 술책이라구요."

이 말을 들은 삼장법사의 눈에 가리개가 씌워진 양, 팔계가 지어낸 말을 그만 믿고 말았다. 그러더니 손으로 결을 구부리고 입으로는 주문을 외었다. 행자가 곧장 머리를 쥐고 외쳤다.

"아파요, 아파! 머리가 아파요! 사부님, 외지 마세요. 주문을 외지 마세요. 말로 하면 될 거 아녜요?"

삼장법사가 말했다.

"무슨 소리를 하는 거냐! 출가인은 항상 방편을 갖고 있어야 하고 종일 불경을 외어서 선심을 갖고 있어야지. 땅을 쓸다가도 개미의 목숨을 함부로 짓밟지나 않을까 걱정하고, 나방이 등잔을 향해 날아가는 것만 봐도 아파하는 법, 너는 어찌 가는 족족 나쁜 일만 벌인단 말이냐! 무고한 자를 때려 죽였으니, 불경을 가지러 가는 것이 무슨 도움이 되겠느냐? 너는 돌아가거라! 돌아가!"
행자가 말했다.
"사부님, 저를 돌려보내는 겁니까?"
삼장법사가 말했다.
"더 이상 너를 제자로 삼지 않겠다!"

3-6.
손오공 형님에게 도움을 청합시다

백마가 말했다.
"형님, 날 무서워 마오."
저팔계는 부들부들 몸을 떨며 백마를 보고 말했다.
"네가 언제부터 사람 말을 할 줄 아는 게냐? 네가 말하는 걸 보니 불길한 일이 있을 모양이다."
"형님은 사부님이 잡혀 간 걸 알고 있소?"
"난 모른다."
"형님은 모르고 계셨군요. 형님이 사화상과 함께 임금의 면전에서 재주를 부려 요괴를 잡아다가 공을 구하고자 하셨잖아요. 그런데 이놈의 능력이 범상치 않아요. 잠깐 사이에 도망치더니 다시 준수한 선비로 변신해서 궁궐로 들어오더라구요. 임금과 자기는 친척이라면서 사부님을 얼룩덜룩한 호랑이로 변신시켜서 생포합디다. 사부님은 지금 조정에 철로 된 우리에 갇혀 있어요. 제가 이 일을 알고 얼마나 괴로웠는지 심장을 칼로 찔린 것 같았어요. 형님은 이틀 동안 보이지도 않고 어디에 있는지 알 수도 없어, 크게 다친 줄로만 알았습니다. 제가 용으로 돌아가서 사부님을 구하려고 했지만 궁궐 어디를 찾아야 사부님을 찾을 수 있을지 막막했어요. 그런데 은안전銀安殿에서 우연히 요괴를 봤답니다. 궁궐의 무수리로 변신해서 요괴를 속이고, 칼춤을 춰서 그를 찌르려고 했는데, 그만 실패하고 말았어요. 또 단도를 날려 요괴를 죽이려고 했지만, 글쎄 그놈이 날아오는 칼을 잡더라구요! 그놈의 공격에 도리어 제 뒷다리를 다쳤습니다. 겨우 도망쳐 이렇게 목숨이나마 부지할 수 있게 되었어요. 이 뒷다리의 푸른 멍은 그놈이 때려서 생긴 거랍니다."

"정말이냐?"

"제가 어찌 형님을 속이겠어요!"

"어쨌든 좋아, 어쨌든 좋다구! 그럼 이제부터 너는 어쩔 셈이야?"

"제가 어쩌면 좋겠어요?"

"뭘 어쩌긴, 너는 바다로 가고, 나는 짐을 들고 고로장으로 돌아가야지. 따뜻한 화롯가에서 마누라랑 살아야겠다."

백마가 이 말을 듣고는, 입으로 저팔계의 옷을 물고 늘어지며 가지 못하게 했다. 백마는 눈물을 쉴 새 없이 흘리면서 애원했다.

"형님! 제발 그러지 마시오!"

"그럼 나더러 어쩌라는 거냐? 오정은 이미 잡혀갔고, 나는 요괴 놈에게 상대도 되지 않아. 지금 흩어지지 않으면, 어쩌자는 거냐?"

백마는 잠시 동안 신음소리만 낼 뿐 아무 반응도 할 수 없었다. 그러다 또 눈물을 뚝뚝 흘리면서 말했다.

"형님, 흩어지잔 말은 하지 마오. 사부님을 구하고 싶으면 그 사람에게 부탁하는 수밖에 없소."

"그 사람이라니?"

"얼른 구름을 타고 화과산으로 가서 큰형님을 모시고 오세요. 큰형님은 요괴를 물리칠 능력이 있으니, 분명 사부님을 구할 수 있을 거요. 그러면 형님과 저의 원수도 갚는 일이 되는 거라구요."

"동생, 차라리 다른 사람에게 도움을 청하라고 해라. 그 원숭이는 나와 그렇게 화목한 사이가 아냐. 지난번, 백골부인白骨夫人을 때려죽였을 때 그는 내가 사부님을 꼬여 「긴고주」를 외게 했다고 책망하고 있다니깐. 물론 나도 장난을 좀 치긴 쳤지. 그렇지만 사부님이 진짜로 주문을 외고 당장 쫓아낼 거라고는 생각도 못했어. 그가 얼마나 나를 미워하는지 너는 몰라. 절대 오려고 하지 않을 거야. 도와주지 않을 거라고! 자초지종을 듣기도 전에 여의봉으로 나를 하늘 밖으로 쳐낼 거야. 그럼 내가 어찌 살아날 수 있겠어?"

"큰형님은 절대 때리지 않을 거예요. 인자하고 의로운 원숭이 왕이니까. 큰형님을 보거든 절대 사부님한테 일이 생겼다고 말하지 말고, 그저 사부님이 형님을 보고 싶어한다고만 하세요. 큰형님을 속여서 이곳으로 데리고 온 뒤에 저간의 사정을 말합시다. 큰형님은 분명 화내지 않을 거요. 그렇게 요괴와 싸우게 해서 사부님을 구하면 될 게 아니겠어요."

"알겠어, 알겠다구! 네가 이렇게 마음을 다해서 말하니 내가 안 갔다간 진심이라곤 도통 없는 놈으로 찍히겠다. 내가 갔다가 행자가 온다고 하면 함께 돌아오겠지만, 만약 그가 오지 않겠다고 해서 여기에 나타나지 않으면 너도 나를 기다리지 마라. 나도 안 올 테야."

3-7.
손오공을 찾아간 저팔계

행자가 말했다.
"이 멍청아! 내가 떠날 때 말하지 않았느냐, 요괴를 만나서 다툴 양이면 '사부님을 붙잡아간 요괴 놈아, 내 형님이 손오공이라는 걸 잘 알고 있겠지'라고 말하라고."
팔계가 곰곰이 생각해본즉, 손행자를 화나게 해서 약을 올리는 게 더 나을 것 같았다.
"형님, 말도 마슈. 제가 형님 이름을 얘기했더니 그놈이 더 화를 내더라구요!"
행자가 말했다.
"무슨 소리냐?"
팔계가 대답했다.
"제가 이렇게 말했죠, '이봐 요괴야, 무례하게 굴지

마라, 우리 사부님을 해치지 마! 내게는 큰형님이 한 분 계신데, 손행자라고 하지. 그분은 신통방통하여 요괴들을 잘 무찌르셔. 형님이 오시면 너를 장례 치를 몸도 없게 갈기갈기 찢어죽이겠다'고 말입니다. 그런데 요괴가 이 소리를 듣더니 되려 화를 내며 '손행자라고 하는 놈 따위 난 무섭지 않아! 만약 그놈이 여기 온다면 내가 그놈의 껍질을 벗기고 그놈의 근육을 빼내고 그놈의 뼈를 부수고 그놈의 심장을 먹고 말 테다. 그놈을 잡아다가 기름에 넣고 튀겨먹고 말 테다'고 욕을 하더라구요."

행자가 이 소리를 듣고 귀를 쥐고 볼을 찌그러뜨릴 정도로 화가 나서 이리 뛰고 저리 뛰면서 외쳤다.

"감히 나를 욕보이더란 말이냐!"

팔계가 말했다.

"형님, 화 좀 삭이시오. 그 황포요괴[黃袍怪] 놈이 이렇게 욕을 해서 내가 일부러 형님에게 온 거잖소."

행자가 말했다.

"동생, 어서 일어나라. 내가 가야겠다. 그놈의 요괴가 나를 욕하는데 내가 어찌 안 갈 수 있겠느냐. 함께 가자. 나로 말할 것 같으면, 오백 년 전 천궁에서 소란을 피웠을 때 천하의 신장들이 모두 나를 보고 허리 숙여 인사하며 제천대성이라고 부른 자란 말이다. 요괴가 무례하게도 감히 내 욕을 하다니! 이제 가서 그놈을 잡아다가 시체로 만들어 나를 욕한 대가를 치르게 하겠다. 그런 뒤에 다시 돌아오지."
팔계가 말했다.
"맞소, 맞소. 형님 그놈을 잡아 작살을 내시구랴. 그런 뒤에 우리랑 함께 갈지 말지는 형님 맘대로 하시오."

3-8.
우물에서 시체를 업고 나온 저팔계

"말을 안 들으면 여의봉으로 스무 방 때릴 테다."
팔계가 당황하여 말했다.
"형님, 여의봉은 너무 세요. 만약 스무 대를 맞으면 나는 이 시체처럼 죽소."
행자가 말했다.
"맞는 게 싫다면 어서 업고 길을 가자."
팔계는 정말 맞는 게 싫었던지, 털레털레 시체를 끌고 오더니 등에 지고 어기적거리면서 정원을 나서며 걷기 시작했다. 행자가 말했다.
"절에 가면 내가 갈아입을 옷을 주마."
손오공은 결을 맺고 주문을 외고 공기를 한 번 스윽 들이마시더니 내뱉었다. 그랬더니 일진광풍이 불어 팔계를 황궁 내원의 연못에서 좀 떨어진 곳으로 데려

갔다. 바람이 잦아들자 둘은 땅으로 내려와서 천천히 걸어갔다. 팔계는 마음으로 억울한 생각이 들어 어떻게 하면 행자를 골탕 먹일 수 있을 것인가를 곰곰이 생각했다.

'이 원숭이가 나를 갖고 놀았겠다! 내가 절로 가면 다 일러바칠 거야. 사부님에게 이자가 살아날 수 있다고 말해야지. 이자를 살려내지 못하면 사부님이 「긴고주」를 외게 꼬드겨서 이 원숭이의 머리가 터지도록 만들고 말겠어.'

팔계는 길을 걸으면서 생각하고 또 생각했다.

'아냐, 아냐! 만약 그가 의원을 쉽게 데리고 온다면 어쩌지. 염라국에 가서 귀신의 영혼을 돌려 달라고 해서 살리면 어떡하지. 지하세계로는 못 가게 하고, 이 세상에서 구할 방도를 찾으라고 하자. 그래, 이 방법이 좋겠어!'

이렇게 생각을 거듭하고 있는 사이에 팔계는 산문에 도착했다. 곧장 안으로 들어가 시체를 방문 앞에 던지듯 놓고 말했다.

"사부님, 일어나서 보세요."

이때 삼장법사는 잠이 들 수 없어 손행자가 팔계를 속여서 데리고 가더니 아직 돌아오지 않는다면서 오정과 이야기를 나누고 있는 참이었다. 홀연히 다녀왔다는 소리를 듣고, 삼장법사는 분주하게 몸을 일으키며 말했다.
"제자야, 뭘 보라는 거니?"
팔계가 말했다.
"행자의 외할아버지를 제가 업고 왔습지요."
행자가 말했다.
"이런 바보! 할아버지라니 무슨 소리를 하는 거냐!"
팔계가 말했다.
"이자가 형님의 할아버지가 아니오? 아니라면 왜 나더러 업고 여기까지 오게 한 거요? 얼마나 힘들게 왔는지 모르오!"
삼장법사와 오정이 방문을 열어보니, 그곳에는 황제의 용안은 바뀌지 않은 채로 살아 있는 것처럼 보이는 시체가 있었다. 삼장법사는 갑자기 처연한 마음이 들어 이렇게 말했다.
"폐하, 어느 전생에 악연을 만들었기에 금생에 이렇게 원수를 만나서 죽임을 당하고 처자식과 이별하셨습니까? 문무 관리들 중에서도 아는 자가 없으니, 아아, 그대의 처자식은 우매하여 이런 사실을 모르니 제사음식인들 해서 올렸겠습니까?"
갑자기 목이 메인 삼장법사는 눈물을 비오듯이 흘렸다. 팔계가 웃으면서 말했다.

"사부님, 저 사람이 죽은 게 사부님 일은 아니잖아요? 또 사부님 할아버지 일도 아니고요. 근데 왜 울고 그러세요!"

삼장법사가 혼내며 말했다.

"제자야, 출가인은 중생을 위한 자비심을 기본으로 하고 그 방편을 문으로 삼는단다. 그런데 너는 어찌 이렇게 마음이 모진 것이냐?"

팔계가 말했다.

"마음이 모진 게 아니고, 사형이 제게 말하길 저자를 살릴 수 있답니다. 만약 살릴 수 없으면 제가 왜 그를 업고 왔겠어요?"

삼장법사는 원래 머리가 물처럼 물렁물렁해서 팔계가 한 말에 동요하면서 곧장 이렇게 외쳤다.

"오공아, 만약 너에게 왕을 되살릴 수단이 있다면, 이건 바로 '한 목숨을 구하는 것은 칠층 불탑을 짓는 것보다 낫다'는 말이로구나. 우리가 영산에 가서 부처님을 뵈려는 것과 같은 일이지."

행자가 말했다.

"사부님은 팔계의 거짓말에 어쩜 이리도 잘 속으십니까! 사람이 죽으면 어떤 때는 삼칠일이나 오칠일 내지 칠칠일 동안 이승세계에서 지은 죄과들을 씻어내야지 환생할 수 있습니다. 지금처럼 죽은 지 삼 년이 되면, 구할 수 없습니다."

"그러냐, 그럼 됐다!"

팔계는 행자에게 속은 분함과 원통함이 다 식지 않아, 이렇게 말했다.

"사부님, 사형의 거짓말에 속지 마세요. 사형은 말귀를 잘 못 알아듣나 봐요. 그것 있잖아요, 사부님이 지난번에 외신 경 말이에요. 한번 외워 보세요. 그러면 사형은 저자를 살릴 겁니다."

삼장법사는 팔계의 말을 믿고는 곧장 「긴고주」를 외기 시작했다. 그러자 손오공의 머리테가 그의 머리를 꽉 죄기 시작했다. 그러자 손오공의 두 눈은 툭 튀어나올 정도로 커졌고 머리는 쪼개질 정도로 아프기 시작했다.

3-9.
살려 달라는 목소리가 들리지 않느냐?

한참을 가고 있는데 "사람 살려!"라는 고함소리가 들렸다. 삼장법사는 크게 놀랐다.

"제자야, 이 깊은 산속에 누가 살려 달라는 목소리가 들리지 않느냐?"

행자가 삼장법사 앞으로 가면서 말했다.

"사부님, '가마'[외침 규叫 자는 가마 교轎 자와 발음이 같다]에 신경 쓰지 마시고 우리 길이나 갑시다. 사람이 메는 가마, 노새가 끄는 가마, 덮개 없는 가마, 침대 가마 따위에 신경 쓰지 마세요. 가마가 있어도 여기엔 멜 사람도 없어요."

삼장법사가 말했다.

"타는 가마 말고, 외치는 소리 말이다!"

행자가 웃으면서 말했다.

"저도 알아요. 그런데 쓸데없는 일에는 상관하지 마시고, 갈 길이나 갑시다."

삼장법사는 손행자의 의견에 따라서 말을 채찍질하며 앞으로 나아갔다. 1리를 채 가지 못했을 때였다. 또 다시 "사람 살려!"라는 외침소리가 들렸다. 삼장법사가 다급히 말했다.

"제자야, 이 소리는 요괴가 내는 소리가 아닌 것 같아. 만약 요괴들이라면 나가는 소리만 있고 돌아오는 소리가 없을 텐데, 잘 들어봐라. 살려 달라는 소리가 들리고 또 메아리가 들리지 않느냐! 재난을 당한 사람임에 틀림없다. 우리가 가서 구해 주자."

"사부님의 자비심을 오늘은 잠시 거둬 주세요. 이 산을 넘어간 뒤에 다시 자비심을 가져도 좋겠어요. 이렇게 험한 곳에는 흉악한 일은 많고 길한 일은 적어요. 아시다시피 초목에 깃든 정령들도 요정이 되고 요괴가 될 수 있답니다. 그래도 이들은 괜찮아요. 만약 뱀이나 다른 동물들이 오랜 시간 동안의 수련을 거쳐서 요괴가 되었다면 인간의 이름을 아는 건 식은 죽 먹기죠. 그들은 풀숲에 숨어 있거나 산의 움푹 팬 곳에 숨어 있다가 사람의 말소리를 내서 길 가는 사람들을 불러서 유혹한답니다. 부르는 소리에 대답하지 않으면 다행이지만, 만약 대답하면 바로 요괴들이 그 사람의 원신元神을 빼앗고 그날 밤으로 뒤를 따라와 그 사람이 죽을 때까지 쫓아다녀요. 그러니 갑시다, 가요! 옛사람이 하는 말에, '벗어날 수 있으면 천지신명에게 감사하라'고 했지요. 절대 요괴의 소리를 듣지 마세요."

삼장법사는 행자의 말을 들을 수밖에 없었다. 그래서 다시 말을 재촉해서 길을 갔다. 행자는 속으로 생각했다.

'이 못된 요괴 놈이 어디에 있지? 모습은 보이지 않고 외치는 소리만 들리는구나. 묘유성법卯酉星法을 써서 서로 못 만나게 해야겠다.'

행자는 오정을 앞으로 가게 하더니 이렇게 말했다.

"말의 고삐를 잡아라. 천천히 가고 있어. 나는 뒤에서 손 좀 풀어야겠다."

손오공은 삼장법사를 몇 걸음 앞서 나가게 하고, 뒤에서 주문을 외었다. 이산축지법移山縮地法을 사용하고 뒤쪽을 여의봉으로 한 번 가리켰다. 그러자 이들은 이 봉우리를 건너서 앞으로 가버렸고, 요괴는 뒤에 남겨졌다. 손오공은 다시 크게 걸음을 옮기더니 삼장법사의 뒤를 따라잡아 단숨에 산을 넘었다. 그런데 다시 삼장법사의 귀에 "사람 살려!"라는 외침소리가 뒤에서 들려왔다. 삼장법사가 말했다.

"제자야, 저 재난에 빠진 자가 인연이 없나 보구나. 우리랑 마주치지 않으니 말이다. 우리가 그를 지나쳤는가 보다! 그의 외침소리가 산 뒤쪽에서 나는구나."
팔계가 말했다.
"우린 여전히 산 앞에 있으니, 바람 방향이 단지 바뀌었을 뿐이에요."
행자가 말했다.
"바람 방향이 바뀌었든 안 바뀌었든 상관하지 말고, 길이나 갑시다."
다시 일행은 조용히 한달음에 이 산을 넘지 못하는 것을 원망하면서 길을 갔다.

3-10.
끌어주고 밀어주며 가는 길

삼장법사가 말에 오르자 팔계는 짐을 메고, 오정은 말고삐를 잡았다. 손오공은 여의봉을 휘둘러 수풀을 헤치면서 길을 만들며 전진했다. 풍찬노숙은 말할 것도 없고, 이슬과 서리를 밟고 지내는 나날이었다. 사부와 제자들이 길을 가고 있는데 그들 앞을 또 커다란 산이 막아섰다. 삼장법사는 말 위에서 소리쳤다.
"제자들아, 산의 기세가 험하구나. 요괴가 공격할 듯하니 조심해야겠다."
행자가 말했다.
"사부님, 쓸데없는 생각일랑 하시지 마세요. 마음을 가라앉히고 정신을 집중하면 무사하실 겁니다."
"제자야, 서천에 가는 길이 왜 이리 힘드냐? 장안을 떠난 후로 몇 번의 봄 여름 가을 겨울을 보냈는지 모르겠구나. 내가 기억하기로 떠난 지 사오 년은 된 듯한데, 어째서 아직 도착하지 못하는지, 정말 모르겠어!"
행자가 이 말을 듣고 큭큭 웃으면서 말했다.
"도착하긴 멀었어요, 아직 멀었다고요. 우린 아직 대문을 나서지도 못한 걸요."
팔계가 말했다.
"형님도 참 거짓말하지 마쇼. 이렇게 큰 대문이 인간 세계에 어디 있소?"
"동생, 우린 여전히 집 안에서 빙빙 돌고 있는 거야!"
오정이 웃으면서 말했다.
"큰형님, 놀라게 좀 하지 마시오. 이렇게 큰 집이 있다고 합시다. 그런데 저렇게 큰 대들보가 도대체 어디에 있단 말이요?"
"동생, 내가 보기엔 말이지, 푸른 하늘은 지붕이요, 해와 달은 창문이요, 사방의 산악들은 대들보요, 천지는 넓은 방과 같아."
행자의 말을 듣고 팔계가 말했다.
"됐어요, 됐어. 우리는 이곳을 빙빙 돌다가 집으로 돌아가면 그만이오!"
"함부로 그런 소리 마라. 나를 따라오면 괜찮아!"
행자는 여의봉을 비껴 매고 삼장법사 앞으로 나아갔다. 여의봉으로 길을 만들면서 전진하기 시작했다.

낭송Q시리즈 서백호
낭송 서유기

4부
"아프냐? 나도 아프다!"

4-1.
화가 난 삼장법사

삼장법사가 말을 타고 동쪽을 향해서 달리자 팔계와 오정이 막으면서 말했다.
"사부님, 어디로 가세요? 길을 잘못 드셨어요."
삼장법사가 말을 쓰다듬으면서 말했다.
"제자야, 내가 일찍이 너희 사형에게 여러 번 이야기를 했지. 절대 사람을 때리지 말고, 강도라고 해도 절대 죽이지 말라고."
팔계가 말했다.
"사부님은 잠시 여기 계세요. 제가 갔다 오지요."
팔계는 한걸음에 앞으로 가더니 날카로운 목소리로 외쳤다.
"형님, 사부님이 사람을 죽이지 말라세요."
행자가 말했다.

"아우야, 이게 사람을 때린 게 맞니?"
팔계가 말했다.
"그 강도들은 어디로 갔소?"
"모두 흩어졌다. 두 놈만 여기서 잠을 자고 있지."
팔계가 웃으면서 말했다.
"이 둘은 전염병이라도 걸린 게요? 마치 밤을 샌 것처럼 힘들어 보이네요. 다른 곳에서 자지 않고, 이곳에서 자고 있다니!"
바보가 그들이 누워 있는 곳으로 가서, 곰곰이 보고 말했다.
"누워 자는 게 나와 같네. 입을 벌리고 침을 질질 흘리면서 자는 게 말이에요."
행자가 말했다.
"내가 한 대 치자 두부豆腐가 흘러나온 거야."
팔계가 물었다.
"사람에게도 두부가 있어요?"
"뇌수가 터진 거지."
팔계는 뇌수가 터졌다는 말을 듣고 황망히 뒤를 돌아서 삼장법사가 있는 곳으로 갔다.
"도적놈들은 흩어졌어요!"
삼장법사가 말했다.
"잘 됐구나, 잘 됐어! 어느 쪽으로 갔다더냐?"

팔계가 말했다.

"맞은 놈은 다리가 뻣뻣해져 있는 상탠데, 어디로 도망갈 수 있겠어요?"

삼장법사가 말했다.

"그럼 너는 왜 도적들이 흩어졌다고 한 거냐?"

팔계가 대답했다.

"맞아 죽었으니까요. 그게 흩어진 게 아니라면 뭐라고 하나요?"

삼장법사가 물었다.

"어떻게 맞았더냐?"

"머리에 커다란 구멍이 두 개 뚫렸어요."

"보따리를 뒤져서 돈을 찾거라. 그 돈을 갖고 읍내로 가서 고약이나 붙일 것들을 사오너라."

팔계가 웃으면서 말했다.

"사부님도 참 제정신이 아니시오. 고약은 살아 있는 사람들의 상처에나 붙이는 거잖아요. 죽은 자에게 난 구멍에 어찌 붙이겠어요?"

삼장법사가 말했다.

"정말로 손오공이 때려죽인 것이더냐?"

화가 치민 삼장법사는 원숭이가 잘 났니 못 났니 하면서 쉬지 않고 궁시렁거리며 말을 몰아서 죽은 자가 있는 곳까지 갔다.

4-2.
일촉즉발!

도적은 피범벅이 되어서 산비탈 아래에 누워 있었다. 삼장법사는 차마 시체들을 볼 수 없어 팔계에게 명령했다.

"빨리 너의 쇠스랑으로 구덩이를 만들어서 이들을 묻어 주어라. 나는 이들을 위해서 「도두경」倒头經을 외어 줘야겠다."

그러자 팔계가 말했다.

"사부님도 참 편협하시오. 사람을 때려죽인 건 행자인데, 왜 시체 묻는 일은 저에게 시킨단 말이요?"

행자가 삼장법사에게 심한 꾸중을 들은지라 심란하여 팔계에게 소리를 꽥 질렀다.

"이 멍청아, 어서 빨리 구덩이를 파서 묻지 못하겠느냐! 조금이라도 늦을 것 같으면 이 몽둥이로 한 대 패

줄 거야!"

깜짝 놀란 팔계는 산비탈로 날듯이 달려가서 삼 척 깊이의 구덩이를 파기 시작했다. 그런데 얼마쯤 파다 보니 바위가 나왔다. 그는 쇠스랑은 버려두고 긴 주둥이로 파내려 갔다. 흙이 있는 곳을 향해서 주둥이로 두 척 다섯 자를 파고, 또 다시 구덩이를 하나 더 파니 총 오 척의 구덩이를 판 셈이었다. 그는 구덩이에 도둑의 시체를 묻고 두툼하게 봉분을 쌓았다. 삼장법사가 외쳤다.

"오공아, 향과 초를 가져오너라. 내가 축도[祷祝]하고 불경을 읽어야겠다."

행자가 입을 삐죽 내밀고는 퉁명스레 말했다.

"취향도 참 좋소. 이 산중에 인가는 어디 있고, 가게는 또 어디 있소? 돈이 있어도 그걸 살 곳이 어디 있답니까?"

삼장법사가 손행자를 저주하듯 말했다.

"원숭이 놈아, 저리 가라, 저리 가! 내가 흙을 모아 향을 태우고 제문을 읽어야겠다."

삼장법사는 죽은 자를 축도하는 글을 잘 외는 자라. 그가 외운 축문은 다음과 같다.

"호한님들께 절하오니 축문을 잘 들어주십시오. 이 제자는 동쪽 당나라 사람으로, 태종의 명령을 받아

서방으로 경문을 구하러 길을 가고 있습니다. 마침 이곳에 와서 우연찮게 그대들을 만났는데 그대들이 어느 마을 사람인지 알 수 없는 고로 이 산속에다 죽은 자를 모두 모아 장례를 치릅니다. 저는 좋은 말로 그대들에게 은근히 고하고자 하니, 그대들은 잘 들으시고 부디 화내지 마소서. 그대들은 손행자를 우연히 만나서 그의 몽둥이에 비명횡사했고, 제가 너덜해진 시체를 수습해서 매장하였습니다. 푸른 소나무를 꺾어 향초로 삼으니 비록 빛은 없어도 추모의 마음은 아실 것이오. 돌멩이를 가져와 제사음식으로 올리니, 맛이 없다고 타박하지 말고 나의 성심을 알아주시오. 삼라전森羅殿에 가서 염라대왕이 묻거든 그대를 죽인 자의 성씨는 손孫가이지 진陳가가 아니란 걸 말해 주시오. 원망하는 데는 이유가 있고 빚에는 채권자가 있기 마련이나, 그대의 원수는 경전을 가지러 가는 내가 아니란 걸 제발 알아주시오."

팔계가 깔깔대며 말했다.

"사부님만 빠져나갈 작정이세요? 행자가 때리는 자리에 오정이랑 전 없었잖아요. 우리도 빼주세요."

삼장법사가 다시 흙을 북돋우며 축문을 고했다.

"호한님들이 고소장을 내실 요량이면 행자만 고소하시오. 팔계와 오정이는 그 일과 관련 없습니다."

손오공은 이 말을 듣자 터져 나오는 실소를 금치 못하고 삼장법사에게 말했다.

"사부님은 정말 인정머리라곤 없네요. 사부님을 위해 경을 구하러 가는 제자더러, 온갖 험한 일을 다 겪으면서 가는 제자에게 잔도둑 둘을 때려죽였다고 나를 고소하시는군요. 제가 여의봉을 흔들고 요괴를 죽이는 것들은 모두 사부님을 위해서인데요. 사부님이 서천으로 취경길을 가지 않았다면 제가 제자가 되지 않았을 것입니다. 그런데 여기서 어떻게 사람을 죽일 수 있냐고 말씀하시다니! 저도 제 성질껏 축도를 할 것이니, 잘 들어보세요."

손행자는 여의봉을 꼬나들고는 무덤을 향해서 세 번 두드리면서 말했다.

"전염병에 걸려 확 뒈질 강도 놈아, 잘 들어라! 내가 방금 너희들에게 휘두른 앞의 일곱 대, 뒤의 일곱 대는 때린 것도 아니다! 살짝 어루만져 준 정도라고! 너희들이 내 성질을 돋워서 일을 더 키운다면 죽은 너희들을 한 번 더 죽이고 말 거야. 삼라전에 가서 나를 고발해도 나 손오공은 무섭지 않아! 옥황상제도 나를 무시하지 못하고, 천왕도 나를 따르며, 이십팔수二十八宿는 나를 두려워하고, 구요성관九曜星官도 나를 무서워하지. 마을마다 있는 성황城隍도 나에게 무릎을 꿇고, 동악천제東岳天齊도 나에게 대들지 못해. 십대염군十代閻君들은 나의 시종에 불과하고 오로창신五路猖神은 내 후배지. 삼계三界의 오사五司는 물론이고 시방제주[十方诸宰]는 나와 잘 알고 있지. 네가 감히 나를 고발하는지 내가 두고 볼 테다!"
삼장법사는 손오공의 욕설에 그만 기함하고 말았다. 놀란 마음을 안고 그가 말했다.
"제자야, 내가 지금 축도를 한 까닭은 너에게 가르침을 주기 위해서, 네가 착한 일을 하기 바라기 때문에 한 말이다. 그런데 너는 어떻게 정색을 하고 대응할 수가 있느냐?"
행자가 말했다.
"사부님이 이것을 좋은 마음으로 하신 게 아니잖아요. 어서 빨리 쉴 곳이나 찾아봅시다."
삼장법사는 그저 분한 마음을 안고 말에 오를 수밖에 없었다. 손오공은 평온하지 않은 마음을 안고 있었고, 팔계와 오정도 질투하는 마음을 안고 있었다. 삼장법사와 제자들은 얼굴은 아닌 척하나 마음속으로는 못마땅해하면서 길을 갔다.

4-3.
화염산에 도착하다

삼장법사 일행 넷이 서쪽으로 가고 있는데 점차 열기가 엄습하는 것을 느낄 수 있었다. 삼장법사가 말을 멈추면서 말했다.

"지금은 한가을인데 어째서 여름의 더위가 느껴지는 것이냐?"

팔계가 말했다.

"잘 모르겠어요. 서방으로 가는 길에는 사합리국斯哈哩国이 있는데, 바로 해가 떨어지는 곳이라네요. 일명 '천진두'天盡頭라고, 해가 다한 곳이라고 한답니다. 오후 다섯 시가 되면, 북소리 호각소리는 물론이고 바닷물이 끓는 소리까지 시끄럽게 울린다고 하죠. 태양이 서해에 빠진 것이니 태양의 열기로 물이 끓고, 그 소리가 부글부글 나는 거죠. 이곳의 열기가 사람들로 하여금 숨도 못 쉬게 하니, 아마도 해가 떨어지는 곳에 도착한 듯합니다."

행자가 이 말을 듣고는 웃음을 참을 수 없다는 듯이 배를 잡고 웃었다.

"이 멍청아, 이상한 소리 하지 마라! 사합리국이니 뭐니 하는 곳에 도착하려면 아직 한참이나 더 남았다구. 사부님처럼 융통성 없으신 분은 어려서부터 나이를 먹고, 늙은 뒤에 다시 어려지고 다시 늙는 과정을 세 생에 걸쳐서 하셔도 도착하실 수 없어!"

팔계가 말했다.

"형님이 하는 말을 들으면, 여기는 해가 지는 곳이 아닌가 보오. 그렇다면 이곳은 왜 이리 더운 거요?"

오정이 말했다.

"천시天時가 바르지 않아서 그런 것 같아요. 가을인데도 여름의 명령이 여전히 지배하고 있기 때문이겠죠."

세 사람이 다투듯 열심히 논쟁을 이어가는데, 길가에 장원이 보였다. 붉은 기와를 얹은 농가로, 붉은 벽돌로 쌓은 담장, 붉게 기름칠한 문, 붉게 칠한 평상, 눈에 보이는 모든 것이 붉은 색이었다. 일행은 장원 안으로 조심스레 들어갔다. 집에서 한 노인이 나오더니 삼장법사 일행에게 인사를 하며 맞아주었다.

삼장법사가 물었다.

"어르신, 감히 여쭙겠습니다. 때는 바야흐로 가을인데 이곳은 왜 이렇게 덥습니까?"
노인이 말했다.
"이곳을 사람들은 화염산火焰山이라고 부릅니다. 봄도 없고 가을도 없습니다. 사계절이 모두 여름이죠."
삼장법사가 물었다.
"화염산은 어디에 있습니까? 서쪽으로 가는 길을 막고 있습니까?"
노인이 말했다.
"서쪽으로는 가실 수 없습니다. 화염산은 여기서 육십 리나 떨어져 있습니다. 서쪽으로 가시려면 그곳을 꼭 지나야 하는데, 팔백 리나 화염이 이글거리고 있어서 그 주위에는 풀 한 포기도 자라지 않지요. 만약 산을 넘으려다가는 청동 머리에 쇠 몸뚱이라 하더라도 길을 가는 동안에 수증기가 되고 말 겁니다."
삼장법사가 대경실색하고는 감히 다시 묻지 못했다.

4-4.
철부채 신선에게 부채를 빌려라

어찌해야 할지를 몰라서 당황해하고 있는데, 문 밖 길거리에서 한 남자아이가 붉은 수레를 밀며 "호떡 사려!"라고 외치는 소리가 들렸다. 손오공이 몸에서 털을 한 올 뽑아 동전으로 바꾸고는 대문을 나서서 호떡을 사려고 했다. 호떡장수는 돈을 받더니 수레 위에 씌워 놓은 천을 벗겨 내고 김이 모락모락 나는 호떡을 꺼내서 손오공에게 주었다. 손오공의 손 안에 쥐어진 호떡은 마치 화로 안의 숯 같았고, 용광로의 석탄 같았다. 받아든 호떡이 얼마나 뜨거운지 손오공은 왼손에서 오른손으로, 다시 오른손에서 왼손으로 연신 호떡을 옮겨 쥐느라 바빴다. 입으로는 계속 "앗, 뜨거, 뜨거워. 뜨거워서 먹기 어렵겠네"라고 외쳤다. 그러자 호떡장수가 웃으며 말했다.

"더위나 열기가 싫으면 이곳에 오면 안 되죠. 이곳은 정말 덥거든요."

행자가 말했다.

"대장부인 주제에 세상의 이치를 모르나 보구나. 이런 말이 있지, '춥지도 않고 덥지도 않으면 오곡이 맺히지 않는다.' 이곳이 이렇게 덥다면 이 호떡을 만든 밀가루는 도대체 어디서 났단 말이냐?"

그러자 소년이 말했다.

"이 밀가루가 어디서 났는지 궁금하시다면 철부채 신선[鐵扇仙]에게 물어보시면 됩니다."

행자가 말했다.

"철부채 신선이라니?"

"철부채 신선에게는 '파초선'芭蕉扇이 있답니다. 구해 달라고 애원하면 부채질을 해주시는데, 부채질 한 번에 불이 꺼지고, 부채질 두 번에 바람이 일고, 부채질 세 번에 비가 내립니다. 이것이 우리가 씨를 뿌리고 제때에 수확할 수 있는 이유이지요. 그렇지 않다면 풀 한 포기도 자라지 않을 겁니다."

행자가 몸을 돌려 안으로 들어가 호떡을 삼장법사에게 주면서 말했다.

"사부님은 걱정하시지도 말고, 안달도 하지 마세요. 호떡이나 드시고 계세요. 제가 처리하지요."

삼장법사가 호떡을 손으로 받아들고, 주인 노인을 향하며 말했다.

"노인장, 한 입 드시지요."

노인이 말했다.

"천만에요. 우리 집에서 아직 차와 밥을 준비하지 못했는데, 어찌 스님의 호떡을 먹겠습니까?"

행자가 웃으면서 말했다.

"노인장, 차와 밥은 됐소. 철부채 신선은 어디 살고 있소?"

노인이 말했다.

"당신은 그걸 어찌 아시고 제게 묻는 겁니까?"

행자가 말했다.

"아까 호떡장수가 내게 말해 줬소. 이 신선에게는 파초선이 있다면서요. 한 번 부치면 불이 꺼지고, 두 번 부치면 바람이 일고, 세 번 부치면 비가 내린다는 부채지요. 이것 덕분에 이곳은 씨앗도 뿌리고 수확도 하여 오곡을 얻어 살아간다면서요. 우리가 그를 찾아가 부채질을 해주십사 부탁하여 화염산을 지나야겠소."

노인이 말했다.

"하지만 선물을 바치지 않으면 그대들을 무사히 보내드리지 않을 겁니다."

삼장법사가 말했다.

"그는 무슨 선물을 원하오?"

노인이 말했다.

"우리 이곳 사람들은 십 년에 한 번 제사를 올리는데, 네 마리 돼지와 양, 제철 과일, 술을 바칩니다. 목욕재계한 후에 신선이 계신 곳에 찾아가, 부디 동굴에서 나오셔서 부채질을 해 달라고 빕니다."

행자가 말했다.

"그가 사는 곳은 어디요? 지명이 뭐요? 얼마나 떨어져 있소? 그에게 부채를 빌려 줄 수 있는지 한 번 물어봐야겠소."

노인이 말했다.

"그 산은 취운산翠雲山으로 남서쪽에 있습니다. 산중에 신선이 사는 파초동이 있습니다. 사람들은 이곳에 가서 신선께 빌지요. 그런데 그곳까지 왔다갔다 하는데 한 달이 걸립니다."

행자가 웃으면서 말했다.

"걱정하지 마시오. 내가 갔다 오지."

4-5.
제세국의 불탑을 청소하여 마음의 때를 지우다

삼장법사가 말했다.
"내가 장안을 떠날 때 법문사法門寺에서 향을 피우며 서원했지. 서쪽으로 가는 길에 사원에 도착하면 향을 피우고, 사찰을 만나면 부처님께 절을 하고, 탑을 보면 탑을 청소하겠노라고! 오늘은 보탑 때문에 곤란에 처한 승려들을 만났구나. 너는 어서 가서 새 빗자루를 준비해 오너라. 내가 목욕하고 기다리겠다. 탑을 한 층씩 비질하고 오르면서 탑이 왜 더러워졌는지, 왜 빛이 나지 않는지를 알아봐야겠다. 이유를 찾아내어 국왕을 뵈올 때 승려들이 고난에서 벗어날 수 있도록 말씀을 올려야겠다."
족쇄를 차고 있던 승려들이 이 말을 듣고 주방으로 달려가더니 칼을 들고 팔계에게 주면서 말했다.

"어르신, 이 칼로 이 기둥에 매인 자물쇠 좀 풀어주십시오. 그러면 저희가 공양을 준비하겠습니다. 삼장법사님께서 목욕하시는 동안 기다려, 저희들도 탑을 청소하는 걸 돕겠습니다."

팔계가 웃으면서 말했다.

"자물쇠를 푸는 게 뭐 그리 어렵겠소? 칼도 도끼도 필요없지. 우리 형님은 말일세, 자물쇠털이로 잔뼈가 굵은 분이시라네."

행자가 가까이 오더니 해쇄법解鎖法을 써서 한 손으로 자물쇠를 만지니 자물쇠가 찰칵! 하고 열렸다. 풀려난 화상들은 재빨리 주방으로 가더니, 부뚜막의 솥을 씻어 차와 밥을 준비했다. 삼장법사 일행이 공양을 다 마치자 날은 어두워졌다. 족쇄를 차고 있는 승려가 빗자루를 두 자루 들고 다가왔다. 이야기를 나누고 있는 동안, 동자승이 등불을 가지고 오더니 씻으러 가자고 청했다. 삼장법사는 목욕을 마친 후 편안한 복장을 하고 손에는 빗자루를 들었다. 그는 탑에 오르기 전에 승려들에게 말했다.

"그대들은 편히 쉬시오. 내가 탑을 청소하고 오겠소."

행자가 말했다.

"탑에는 피로 더럽혀진 곳도 있을 것이고, 게다가 날이 어두워 빛조차 없으니 나쁜 놈들이 있는 게 틀림

없습니다. 밤은 조용하고 바람은 차며 같이 할 동료도 없으니 요괴가 나타날까 두렵습니다. 제가 사부님과 함께 비질을 해도 괜찮겠습니까?"
삼장법사가 말했다.
"좋지, 좋고 말고."
두 사람은 각각 빗자루를 들고 먼저 대전으로 들어갔다. 유리등을 피우고 향을 태우며 부처님에게 절하며 말했다.
"제자 진현장陳玄奘은 동쪽 당나라 임금의 명령을 받잡고 영산으로 불경을 가지러 가는 중이옵니다. 이제 제새국祭賽国의 금광사金光寺에 도착하였는데, 본 사찰의 보탑이 더럽혀진 일을 국왕께서는 승려가 보물을 훔쳤기에 생겨난 일로 오해하여 그들을 가두었습니다. 제자가 정성을 다하여 탑을 청소할 터이니, 부처님의 신통력으로 탑이 더럽혀진 원인을 어서 빨리 보여 주셔서 한 사람의 억울한 자가 나오지 않도록 하여 주시옵소서."
축원을 마치자, 삼장법사는 손오공과 함께 탑문을 열어 아래층부터 비질을 해나갔다. 삼장법사는 한 층 한 층씩 위로 비질을 해 올라갔다. 이렇게 비질을 하여 7층에 도착했을 때는 이미 새벽 두 시가 되었다. 삼장법사가 피곤해하자 손행자가 말했다.

"사부님, 힘드시면 여기 앉아 계세요. 제가 사부님 대신 청소하겠습니다."
삼장법사가 말했다.
"이 탑은 몇 층짜리냐?"
"아마도 13층은 되지 않을까 싶습니다."
삼장법사가 피곤한 기색으로 말했다.
"서원한 것처럼 내가 비질을 해야지."
그러면서 세 층을 다시 청소했다. 하지만 허리도 쑤시고 다리도 아파 10층에서 그만 주저앉고 말았다.
"오공아, 네가 내 대신 위의 세 층을 깨끗이 청소하거라."
행자는 11층으로 올라가더니 정신을 집중하여 청소하였다. 삽시간에 청소를 마치고 12층에 올랐다.

4-6.
'똥길'을 청소해서 중생을 구제하다 ①

노인이 말했다.

"스님, 서쪽으로 가시겠다면 이곳에서는 안 됩니다. 이곳은 소서천小西天이라고도 불립니다. 대서천까지 가는 데 길이 너무 멀고 험해, 사람들이 여기서 포기하고 머무르지요. 이곳을 지나가는 것은 정말이지 힘듭니다."

삼장법사가 물었다.

"지나는 것이 힘들다니요?"

노인이 손으로 길을 가리키며 말했다.

"이 마을에서 서쪽으로 삼십여 리를 가면 희시동稀柿洞이 있는데, 그곳의 산 이름이 칠절산七絶山입니다."

삼장법사가 물었다.

"'칠절'은 뭘 말하는 겁니까?"

"이 산길은 팔백 리나 되는데, 산 전체가 감나무 일색입니다. 옛말에 이런 이야기가 있습니다. '감나무에는 일곱 가지 장점[七絶]이 있지. 하나, 감을 먹으면 생명이 연장된다. 둘, 감에는 음陰기운이 많다. 셋, 감나무에는 새가 둥지를 틀지 않는다. 넷, 감나무에는 벌레가 없다. 다섯, 단풍든 감나무 모습이 볼 만하다. 여섯, 감나무에는 감이 많이 열린다. 일곱, 감잎은 튼실하다.' 이런 까닭에 산 이름을 칠절산이라고 하지요. 그런데 이곳은 땅은 넓지만 사는 사람이 많지 않아, 저 심산을 돌아다닌 자들이 없습지요. 매년 익을 대로 익은 감이 길 위에 떨어져 기다란 길을 만들고, 다음 해에 또 다시 그곳에 감이 떨어집니다. 떨어진 감들은 비바람과 서리에 노출되어 겨울도 보내고 여름도 보내면서 거대한 시궁창으로 변했지요. 그래서 이곳 사람들은 그곳을 묽은 똥과 같다는 의미로 '희시동'稀屎同이라고 부른답니다. 서풍이라도 불어올라치면, 코를 찌르는 악취 때문에 참을 수가 없지요. 지금 같은 늦봄이면 동남풍이 불기에 그 냄새를 맡지 않을 수 있는 거지요."

삼장법사는 마음이 답답해져서 말을 할 수 없었다. 행자가 참지 못하고 높은 소리로 말했다.

"이런 노인네를 봤나. 먼 곳에서 온 여행객을 위협하

는 소리나 해대다니! 제 집이 허름하고 좁아서 우리를 재워 줄 곳이 없어 하는 소리겠지? 우리더러 바깥의 나무 아래서 웅크리고 이 밤을 보내라고 말이야!"
손행자의 흉측한 모습을 본 노인은 너무 놀라서 고함을 마구 지르기 시작했다. 삼장법사가 자기 제자들은 얼굴은 흉측해도 마음은 착하니 무서워하지 말라고 달래자, 그제야 노인은 조용해졌다.
행자가 삐죽 웃으면서 말했다.
"이 노인네, 사람 보는 눈이 없네그려. 요괴 잡는 나를 몰라보다니. 옛말에 이르길, '돌 안에 옥이 숨어 있다'고 했소. 얼굴로 그 사람을 평가한다면, 실수하기 딱 좋지. 비록 추하기는 해도, 내게는 실력이 있다고."
삼장법사가 이 말을 듣고 말했다.
"이 원숭이는 모든 일을 자기가 알아서 자랑을 하는구나. 만약 그 요괴가 신통방통하여 너의 수완으로도 잡지 못한다면 우리 출가인이 거짓말을 한 꼴이 되지 않겠느냐?"

4-7.
'똥길'을 청소해서 중생을 구제하다②

마을 사람들은 삼장법사 일행을 도와서 희시동으로 함께 가기로 했다. 길을 가는 내내 일행은 희희낙락했다. 어느새 이들은 칠절산 희시동 입구에 도착했다. 도착하자마자 악취가 났다. 길은 온통 썩은 감투성이의 시궁창이었다. 삼장법사가 말했다.

"오공아, 이곳을 어떻게 지날 생각이냐?"

행자도 손으로 코를 잡으면서 말했다.

"하, 이거 참 어렵겠네요."

손행자가 어렵다고 하자, 삼장법사의 두 눈에서는 눈물이 주르르 흘렀다. 뒤를 따르던 마을 노인들도 앞으로 우르르 나오면서 자신들이 쓰레기를 청소하면서 길을 내겠다고 말했다. 손행자는 껄껄 웃으면서 말했다.

"이 노인네가 참 허풍도 잘 치시오. 아까 이 산이 팔백 리가 된다고 하지 않았소. 그리고 당신네는 우임금이 쓰던 무기도 없는 처지에 어찌 이 산을 뚫고 길을 낸다고 그러시오. 당신네들은 뒤에서 먹을 것이나 끊이지 않게 준비해 주시오. 여기에 있는 긴 주둥이의 화상이 배불리 먹은 뒤에 커다란 돼지로 변해서 길을 깨끗이 청소할 것이고, 그 길을 사부님이 말을 타고 가실 거니까."
옆에 있던 저팔계가 끼어들며 말했다.
"형님, 이곳을 청소한다고 하더니만 어째서 그 냄새 나는 일을 나에게 맡기는 거요?"
삼장법사가 말했다.
"오능아, 네가 이 더러운 길을 깨끗이 청소하여 나를 이끌고 이 산을 넘어다오. 그러면 이번 활약은 너의 공이 될 거야."
자기의 공이 된다는 말에 팔계가 웃으면서 말했다.
"사부님과 주위의 시주님들은 웃지 말고 들어주시오. 나로 말할 것 같으면, 서른여섯 가지로 변화할 능력이 있소. 산이나 나무, 돌, 코끼리, 물소, 낙타 뭐 이런 것들로 변신할 수 있지. 몸집이 다 큰 것들이고 많이 먹는 것들이오. 내가 돼지로 변하여 일을 하려면 배불리 먹어야 하오."

마을 사람들이 답했다.

"먹을 것을 많이 챙겨왔습니다. 걱정하지 마십시오. 이 길을 뚫어 주신다면, 저희들이 가지고 있는 온갖 먹을 것을 모두 가져오겠사오니 부디 길을 뚫어 주십시오."

팔계는 기뻐하면서 승복을 벗고 쇠스랑을 내려놓으면서 사람들에게 외쳤다.

"잔말 마시고, 이 몸이 냄새나는 공을 세우는 모습을 보시오."

팔계는 결을 맺더니 몸을 흔들어 커다란 돼지로 변했다. 손오공은 마을 사람들에게 저팔계가 힘을 계속 낼 수 있도록 먹을 것을 계속 실어 나르라고 분부하고, 땅을 파고 오물을 청소하는 저팔계의 뒤를 따라갔다. 며칠 밤낮을 쉬지 않고 계속 일을 한 결과 마침내 희시동이 끝나는 지점에 도착했다. 그때까지 저팔계는 열심히 일했으며, 마을 사람들도 밥은 물론이고 국수, 만두 할 것 없이 부지런히 먹을 것을 실어 날라 주었다.

4-8.
사부님은 팔계만 편애하시는군요

손행자가 말했다.
"두 요괴가 우리를 가만 두지 않는구나. 저 요괴도 의리 있는 삼형제고, 우리 형제도 셋이니 어찌 우리에게 의리가 없을쏘냐! 내가 첫째 요괴를 항복시켰으니, 팔계가 둘째 요괴와 싸우도록 해라."
저팔계가 말했다.
"그까짓 것 뭐가 무섭겠소! 내가 저놈 잡아오는 걸 형님은 두고 보슈!"
행자가 말했다.
"가려면 어서 가라!"
팔계가 겸연쩍은 듯 웃으면서 말했다.
"형님, 가긴 가겠소만 이 밧줄 좀 빌려 주시오."
행자가 말했다.

"어디다 쓰려는 거냐? 변신을 해서 요괴의 뱃속으로 들어간다든지 그의 심장에 밧줄을 내건다든지 하는 일을 너는 못하잖느냐? 근데 이게 왜 필요한 거지?"
팔계가 말했다.
"이걸 내 허리춤에 묶어서 구명줄로 삼을 참이오. 형님은 오정이랑 이 밧줄을 뒤에서 잘 잡고 있다가 내가 나가면 풀어주시오. 내가 요괴와 잘 싸울 수 있도록 말이오. 만약 내가 이길 것 같으면 밧줄을 더 풀어줘 저놈을 잡게 해주고, 만약 내가 질 것 같으면 밧줄을 끌어당겨 내가 저쪽에 잡혀가지 않도록 해주오."
행자는 속으로 깔깔대며 생각했다.
'이놈이 또 바보짓을 하는구나!'
그러고는 밧줄을 팔계의 허리에 묶고 그를 요괴와 싸우도록 내보냈다. 팔계는 쇠스랑을 들고 산비탈로 가더니, 요괴에게 큰소리쳤다.
"요괴야, 어서 나와라! 너를 없애러 저팔계님이 오셨다!"
파란 깃발을 들고 있던 문지기가 급히 안으로 들어가서 요괴에게 보고했다.
"대왕님, 긴 주둥이에 큰 귀를 한 중놈이 왔습니다!"
둘째 요괴는 곧장 소굴에서 나오더니 저팔계를 보고는 가타부타 말도 없이 창을 들고 달려들었다. 저팔계는 쇠스랑을 쳐들면서 요괴를 맞았다. 둘은 산비탈에서 칠팔십여 합을 다퉜으나 승부를 내지 못했다. 저팔계가 손에서 힘이 점차 빠져 요괴를 이길 수 없자, 고개를 뒤로 돌리고 다급한 목소리로 외쳤다.
"형님, 안 되겠소! 어서 줄을 당겨주시오. 어서!"
저팔계의 외침을 들은 손오공은 도리어 밧줄을 느슨하게 하고 그 자리에 놓은 채 뒤돌아갔다. 저팔계는 상황이 불리하여 물러날 셈으로, 뒤에서 밧줄을 당기면 끌려갈 작정이었다. 그런데 뒤로 당겨질 줄 알았던 밧줄이 오히려 느슨해지자 밧줄에 자기 발이 걸려 넘어지고 말았다. 넘어진 저팔계는 일어나려고 발버둥 쳤으나 다시 넘어졌다. 땅바닥을 기어서라도 도망가려고 했지만, 요괴에게 곧 잡히고 말았다. 요괴는 코를 용처럼 길게 휘두르더니 팔계를 말아 쥐고 의기양양하게 자기 소굴로 돌아갔다.
저팔계가 싸우다가 잡혀가는 모습을 보고 있던 삼장법사는 손행자를 질책했다.
"오공아, 오능이가 나더러 주문을 외어 너를 혼내주라고 한 말의 뜻을 이제야 알겠다! 너희 형제에게는 서로 친애하는 마음이란 게 한 톨도 없구나. 서로 시기하고 질투하는 마음뿐이구나. 오능이가 너더러 구명줄을 당겨 달라고 했는데, 너는 어찌 잡아당기지도 않느냐? 도리어 밧줄을 팽개쳐서 오능이가 잡혀가게 하다니! 그가 잡혀갔으니 이제 어쩌면 좋으냐?"
행자가 웃으면서 말했다.
"사부님은 참으로 팔계만 편애하시는군요. 뭐, 저도 됐어요. 일전부터 알고 있었으니까! 전혀 개의치 않아요. 우리가 가는 길은 목숨 걸고 가는 길이잖아요, 위험할 수밖에요. 그런데 저 멍청이가 요괴에게 잡혀가니, 사부님은 저를 탓하시는군요. 팔계도 저렇게 괴로움을 당해야 취경의 어려움을 몸소 알 수 있을 거예요."
삼장법사가 말했다.
"제자야, 네가 가봐라. 내가 어찌 오능이가 잡혀간 걸 보고만 있겠느냐? 너는 변신술도 부릴 수 있어 몸에는 조금의 상처도 입지 않을 거야. 그러나 저 멍청이는 생긴 것도 우악하고 꾀도 없지 않으냐! 네가 가서 어서 구출해 줘라."
행자가 말했다.
"사부님께서 저를 원망치 않으시니 제가 구해 오겠습니다."

4-9.
거위 우리 속의 아이들

역승驛丞이 말했다.

"이 나라는 원래 비구국比丘国이라고 불렸는데, 근년에 저잣거리에 민요가 유행하더니 소자성小子城으로 이름이 바뀌었지요. 삼 년 전에 도사 한 분이 십육 세가 된 한 아름다운 아가씨를 데리고 이곳에 오셨지요. 국왕에게 그녀를 바쳤는데, 폐하께서 아름다운 모습에 반해 후비로 받아들이셨습니다. 근년에는 궁 안의 처첩이나 후비 등과 주야를 가리지 않고 탐락에 빠지셨지요. 최근 국왕께서 정신이 피폐해지고 몸도 축나고 음식도 잘 드시지 않아 생명이 경각에 달렸더랍니다. 어의가 진찰을 하고 약을 지어 바쳤지만 차도가 없으셨지요. 여자를 진상하여 임금으로부터 국왕의 장인[國丈]으로 칭해진 도사가 해외의 비방으로 장생할 수 있다고 말씀을 올렸습지요. 세상의 온갖 나라를 다 돌아다녀 약초들을 모두 구비했으나, 약인藥引: 보조약이 아직 준비되지 않았다는 겁니다. 그 약인이라는 것이 일천일백일십일 명의 어린아이의 심장과 간을 끓인 탕이랍니다. 이 약을 복용하면 불로장생의 공을 성취하게 된다는 거지요. 거위 우리에 갇힌 아이들은 모두 약인이 될 아이들로, 숫자가 채워질 때까지 우리 속에서 자랐습니다. 그 부모들은 국법이 엄한 나머지 감히 울지도 못해 노래를 부르며 마음을 달랬죠. 그래서 이곳이 소자성小子城이 된 것입니다."

역승은 말을 마치자 몸을 돌려 사라졌다. 이 이야기를 듣고 모골이 송연할 정도로 놀란 삼장법사의 두 눈에서는 눈물이 끊이지 않고 흘렀다. 그러다 저도 모르게 소리가 튀어나왔다.

"우매한 국왕이로고. 아둔한 국왕이로고. 자신의 탐욕 때문에 병이 난 것인데, 저렇게도 많은 아이들의 목숨을 해치면서까지 병을 고치고자 하다니! 괴롭구나, 괴로워! 괴로워서 못 살겠구나!"

팔계가 가까이 오면서 말했다.

"사부님, 왜 화를 내고 그러세요? '자기 집의 관은 자기네가 지고 가라'는 말이 있잖아요. 그러니 괴로워하지 마세요. 임금이 자기 백성을 해친다는데, 사부님이 뭘 하시겠어요! 그러니 잠이나 잡시다."

삼장법사가 눈물이 흐르는 두 눈을 크게 뜨고 저팔계를 꾸짖었다.

"너는 자비와 연민이랑 담 쌓은 놈이구나! 우리 출가인은 공을 쌓고 착한 행실을 많이 하는 것을 제일의 방편으로 삼아야 한다. 그런데 이 우매하기 짝이 없는 국왕이 말도 안 되는 일을 저지르고 있지 않느냐! 지금껏 내가 살아오면서 인간의 심장과 간을 먹어서 수명을 연장했다는 말은 들은 적도 없어! 이 얼마나 무도한 행동이란 말이냐. 그러니 내가 어찌 상심과 슬픔에 빠지지 않겠느냐!"

오정이 말했다.

"사부님, 너무 슬퍼하시면 몸이 상하세요. 내일 날이 밝으면 사람을 불러 국왕을 만나게 해달라고 해서 설득하기로 해요. 만약 저희 말을 듣지 않으면, 그 국왕의 장인이란 자가 도대체 누군지 살피기로 해요. 아마도 그자는 요괴이지 싶어요. 사람의 심장과 간을 먹다니, 이런 술법은 들은 적도 없어요."

행자가 말했다.

"오정이의 말이 맞아요. 사부님, 그만 주무세요. 내일 제가 사부님을 모시고 조정에 들어가서 국왕의 장인을 꼼꼼히 살펴보겠어요. 그가 사람이라면 바른 도리를 몰라서 그런 것이니 제가 선천先天의 요지要旨로써 그를 바름으로 귀의하도록 만들겠어요. 만약 요괴라면 그를 잡아다가 국왕에게 그 진면목을 보여 주겠어요. 바른 도란 욕심을 버리고 몸을 수련하는 것이지 아이들의 생명을 해치면서 얻을 수 있는 것이 아님을 보여 주겠어요."

이 말을 들은 삼장법사는 급히 몸을 굽히더니 행자에게 예를 행하면서 말했다.

"제자야, 네가 말한 것이 정말 교묘하구나, 너무나도 뛰어나구나!"

행자는 팔계와 오정에게 사부님을 잘 모시고 있으라고 분부한 다음, 몸을 솟구쳐 구름을 타고 날아갔다.

낭송Q시리즈 서백호
낭송 서유기

5부
마지막 문턱을 넘다

5-1.
모든 불교 경전은 오직 마음을 닦는 것

행자가 신통방통한 변신술을 부린 일들을 이야기해 주자, 삼장법사와 동생들은 깔깔 웃으면서 입을 다물지 못했다. 그렇게 한참을 웃으면서 길을 갔는데, 갑자기 큰 산이 그들의 길을 막아섰다. 삼장법사가 그 자리에 말을 멈추고 말했다.

"제자야, 앞의 산의 기세가 웅장하고 험하구나, 조심해야겠다!"

행자가 웃으면서 말했다.

"사부님, 걱정하지 마세요! 아무 일도 없을 거예요."

삼장법사가 말했다.

"아무 일 없을 거라고 자신만만하게 말하지 마라. 잘 봐라, 산이 얼마나 험하냐! 저 멀리서 나쁜 기운이 피어오르는 것 같구나. 구름이 급히 흘러가는 걸 보니,

무슨 일이 생길 것 같아. 몸이 뻣뻣해지고, 마음이 불안하구나."
행자가 웃으면서 말했다.
"사부님은 오소선사가 주신 「다심경」多心經을 벌써 잊으셨군요!"
삼장법사가 말했다.
"아니다, 아냐. 기억하고 있다."
행자가 말했다.
"사부님이 기억하고 있는 것 외에도 다른 법문이 있는데, 그건 잊으셨나 봐요."
삼장법사가 의아해하며 말했다.
"어떤 것을 말하는 거냐?"
행자가 말했다.
"부처는 영산靈山에 있으니 먼 곳에서 찾지 마라, 영산은 바로 너의 마음에 있도다. 사람들은 각자 자신들의 영산과 탑을 갖고 있으니, 그것을 보고 수행하면 되느니라."
삼장법사가 말했다.
"제자야, 내가 어찌 모르겠느냐? 이에 따르면 천만 권의 불경은 오직 마음을 닦는 것일 따름이지."
행자가 말했다.
"말할 필요도 없는 얘기죠. 마음이 깨끗하면 홀로 비

취볼 수 있고, 마음에 담긴 모든 경계가 모두 맑아지지요. 조금이라도 잘못하고 게으르면 천만 년이 걸려도 성공할 수 없어요. 하지만 일편단심으로 노력한다면 뇌음사雷音寺는 바로 눈앞에 있을 거예요. 금방 보이신 사부님의 두려움이나 공포는 사부님의 불안한 마음 때문에 생긴 거예요. 그렇게 되면 큰 도도 멀어지고 뇌음사도 멀어져요. 부디 의심하시지 마시고, 저를 따라오세요."

삼장법사가 이 말을 듣고 마음이 갑자기 상쾌해지고 온갖 잡념들이 일시에 사라졌다.

5-2.
미운 정 고운 정

행자가 말했다.

"팔계는 정말 바보로구나! 먹을 거라면 사족을 못 쓰더니 나에게 속아 넘어가는구나! 일찌감치 돌아올 수 없으려나 보다. 팔계가 단박에 요괴를 죽였다면 의기양양해하면서 돌아오는 모습을 봤을 텐데, 아직 돌아오지 않는 걸로 봐서 고전하고 있나 보다. 팔계가 요괴를 당해낼 수 없다면 잡혀갔겠지. 잡혀가면서 '필마온, 필마온!' 이러면서 나를 계속 욕하는 모습이 상상되는구나. 오정아, 조용히 잠시만 기다려라. 내가 그를 보러 갔다 오겠다."

손행자는 삼장법사 모르게 조용히 머리 뒤에서 털을 한 올 뽑더니 선기를 불어넣고는 "변해라!"라고 외쳤다. 그러자 털은 손오공의 모습으로 변하여 오정과 함께 삼장법사를 모시고 서 있었다. 그의 진신眞身은 정신으로 화하여 공중으로 튀어 올랐다. 손오공이 공중에서 주위를 살펴보자, 팔계가 요괴들에게 둘러싸여서 쇠스랑으로 기를 쓰고 대적하는 모습이 보였다. 행자가 그 꼴을 차마 볼 수 없어, 근두운을 지상으로 몰아가면서 매서운 소리로 외쳤다.

"팔계는 허둥대지 마라! 손오공이 왔다!"

저팔계는 손오공의 목소리임을 알자, 기세등등하게 위풍을 떨치면서 힘을 내기 시작했다. 쇠스랑을 크게 앞으로 휘두르니 불꽃이 튈 정도였다. 팔계에게 대적할 수 없게 된 요괴가 말했다.

"이 중놈은 전과 후가 다르구나. 앞서는 그렇지 않더니 지금은 웬일인지 더 힘을 내고 있군!"

팔계가 대답했다.

"이놈 요괴야, 너는 나를 당해낼 수 없어. 내 편이 왔거든!"

팔계는 다시 쇠스랑을 휘두르며 인정사정없이 마구 공격해 들어갔다. 요괴가 더 이상 막을 수 없자 요괴 무리를 이끌고 도망치기 시작했다. 행자는 그들이 도망가는 것을 보고는 그들을 쫓지 않고 구름을 돌려서 본래 자신이 있던 곳으로 돌아갔다. 손행자는 털을 흔들어서 자신의 몸에 다시 거둬들였다. 물론 이 장면을 범속한 눈을 가진 삼장법사가 알아챘을 리는 만무했다. 얼마 지나지 않아 팔계가 요괴를 이기고 돌아왔다. 그런데 팔계는 의기양양한 모습이 아니라 눈물 콧물 다 흘리면서 돌아왔다. 그는 입으로 흰 거품을 물고 달려오면서 외쳤다.

"사부님!"

삼장법사가 팔계의 모습을 보고는 놀라서 물었다.

"팔계야, 아까 풀을 베러 간다고 하지 않았느냐? 그런데 왜 이렇게 낭패한 얼굴로 돌아왔느냐? 산신령이라도 지키고 있어서 잡초도 베지 못하고 온 것이냐?"

팔계가 쇠스랑을 놓더니 가슴을 치고 펄쩍펄쩍 뛰면서 말했다.

"사부님, 묻지 마세요. 부끄러워 죽겠어요."

삼장법사가 말했다.

"부끄럽다니 무슨 말이냐?"

팔계가 말했다.

"사형이 저를 속였어요! 사형이 저에게 저 앞 안개 속에는 요괴도 없고 흉조도 없다고 했잖아요. 착한 자들이 사는 인가가 있을 것이니 공양을 구하면 밥이고 국수고 다 줄 거라고 했잖아요. 저는 그 말을 진짜라고 믿었어요. 배가 너무 고픈 나머지 먼저 가서 조금 얻어먹겠다는 일념으로 사부님께는 짐짓 풀을 벤다고 말씀드리고 제가 먼저 길을 나선 거예요. 그런데 요괴들이 있을 거라고, 사형이 절 속였을 거라고 누가 상상이나 했겠어요! 요괴들이 저를 포위하기에 일전을 치러야 했어요. 만약 사형이 여의봉을 휘둘러 도와주지 않았다면 저는 돌아오지도 못했을 거예요."
행자가 옆에서 웃으면서 말했다.
"팔계는 바보 같은 소리 하지 마라! 왜 나까지 그 일에 연루시키느냐. 나는 여기에서 사부님을 모시며 한시도 떠나지 않았는데 그게 말이 되느냐?"
삼장법사가 말했다.
"맞다. 오공은 나를 떠나지 않았단다."
팔계가 펄쩍 뛰며 외쳤다.
"사부님은 정말 뭘 모르셔, 정말 모르신다니까! 사형은 변신할 수 있다고요!"
삼장법사가 말했다.
"오공아, 단도직입적으로 묻겠다. 이 앞에 요괴들이 있더냐?"
손행자는 차마 거짓말을 할 수 없어 몸을 숙이고 웃으면서 말했다.
"요괴 몇 마리가 있었지만 그놈들은 감히 우리를 해코지할 만큼 강하진 않습니다. 팔계야, 이리 오너라.

사부님을 모시고 가는 길이니 너도 사부님을 안전하게 모실 수 있도록 힘쓰라고, 내가 너에게 행군하는 일을 시킨 거야."
팔계가 물었다.
"행군한다니 뭔 말이오?"
행자가 말했다.
"너는 길을 여는 개로開路장군이 되어서 앞길을 여는 일을 맡은 거야. 저 앞길에 요괴가 없었다면 좋았겠지만, 만약 요괴가 있어도 네가 그 녀석과 전투를 벌여 승리하면 그만이야. 요괴를 무찌른 건 바로 너의 공적이야!"
팔계가 아까 자기가 싸운 요괴의 능력이 자신과 그다지 차이 나지 않는 걸 알고는 이렇게 말했다.
"내가 그놈의 손에 죽으라고 먼저 보낸 거잖소!"
행자가 웃으면서 말했다.
"이 멍청이가 어리석은 말을 하고 있으니 언제 크게 발전할꼬!"
팔계가 말했다.
"뭐, '공자公子가 연회에 참석하여 취하지 않으면 배불리 먹고, 장수[壯士]는 전쟁터에 임하여 죽지 않으면 상처를 입는다'고 했으니, 처음은 잘못된 말로 꼬셨지만 오히려 훗날에는 위풍을 드날렸다는 형국이로군요."

행자는 팔계의 말이 적확하다며 기뻐하고, 삼장법사에게 말에 오르라고 하면서 떠날 준비를 했다. 오정은 짐을 메고 팔계의 뒤를 따랐다.

5-3.
무기를 항상 몸에 지니듯, 도는 잠시라도 떨어질 수 없는 것

다음날, 세 왕자가 또 일행에게 찾아오더니 인사하며 말했다.

"스승님들의 은혜로 근육의 힘을 얻었기로, 이번에는 스승님들의 신기神器를 구해 어려움을 헤쳐 갈 힘을 얻고자 합니다. 장인들을 불러다가 스승님들의 무기와 모양은 똑같지만 근수가 다른 무기를 만들고자 합니다. 스승님들께서 허락해 주시기를 바랍니다."

팔계가 말했다.

"좋아, 좋아, 좋아. 참 말 잘했다. 우리 무기는 말이야, 첫째 너희들의 힘으로는 감당할 수 없어. 둘째 우리는 법을 지키고 요괴를 무찔러야 하니까 이걸 줄 수도 없어. 그러니 너희들은 다른 것을 만들어야지."

이에 왕자들은 철을 다루는 장인을 불렀고 강철 만

근을 샀다. 곧장 궁정 안의 정원에 작업장을 만들어 검을 주조하기 시작했다. 첫째 날에는 강철을 단련하고, 다음 날에는 행자 등 삼인에게 청하여 여의봉, 쇠스랑, 항요장을 작업장에 놓아 두고 본뜨는 작업을 행했다. 그런데 이 무기들은 원래 그들의 몸에 꼭 붙어 있어야 하는 보물이었다. 잠시라도 그들을 떠날 수 없는 보물이 그들을 떠나서 작업장에 며칠간 놓이자 미처 생각지도 못한 일이 벌어졌다.

작업장에 놓인 보물들에서는 저절로 빛이 나더니 상서로운 기운이 하늘로 치솟고 대지를 가득 덮었다. 그날 저녁이었다. 성에서 칠십여 리 떨어진 산속 어느 동굴의 요괴가 밤에 홀로 앉아 있다가, 홀연히 상서로운 기운이 노을처럼 퍼지는 것을 보고는 즉각 구름을 몰았다. 요괴가 빛이 나는 곳을 찾아가니, 거기에는 세 개의 무기가 가지런히 놓여 있었다. 요괴는 기뻐하면서 말했다.

"좋은 보물이로구나! 좋은 보물이야! 어떤 사람이 사용했던 것이지? 지금 왜 여기에 있는 걸까? 어쨌든 내 눈에 띈 걸 보니 나와 인연이 있음이 분명해! 가져가야지!"

물건에 대한 탐심이 생겨난 요괴는 바람을 일으키더니 세 자루의 병기를 한꺼번에 거둬들이고는 자기의

동굴로 돌아갔다. 이것을 말해 주는 시가 있으니,

도는 잠시 잠깐이라도 떨어질 수 없으니, 떨어질 수 있는 것은 도가 아니다.
신령스런 병기를 털리고 말았으니, 참선과 수양이 헛되게 되었구나.

5-4.
봉선군에 비를 내려주세요

손오공은 근두운을 몰아 서천문 밖에 도달했다. 호국천왕이 군사들을 이끌고 손오공을 맞았다.
"제천대성, 불경을 가지러 간 일은 완수하셨소?"
행자가 말했다.
"멀지 않았습니다. 이제 막 천축국 경계지역에 도달했는데, 그곳에 봉선군风仙郡이라는 곳이 있더군요. 그곳에는 삼 년 동안 비가 한 방울도 내리지 않아 백성들이 힘들어하고 있기에 비를 내리는 방법을 찾고 있소. 용왕을 찾아갔더니 그가 하는 말이 옥황상제로부터 명령이 내려오지 않으면 개인적으로 비를 내리게 할 수 없다고 하였소. 그래서 내가 특별히 옥황상제께 부탁하러 이렇게 온 것이오."
천왕이 말했다.

"아마 그곳에는 비를 내리지 말라고 하실 거요. 내가 이전에 들은 적이 있는데, 그곳의 군수가 발칙한 짓을 저질러 옥황상제가 화가 나서 그를 벌주고 있다는 것이오."

손오공은 무슨 말인지 언뜻 이해되지 않아서 옥황상제를 직접 뵙고자 했다. 천왕은 그를 감히 막지 못하고 천궁으로 들어가게 했다.

통명전通明殿에 이르자 사대천사四大天師들이 손오공을 맞았다. 이들은 손오공을 이끌고 영소보전靈霄寶殿으로 들어갔다. 사대천사들이 옥황상제에게 보고를 올리며 말했다.

"옥황상제님, 손오공이 서쪽으로 가다 천축국의 봉선군을 지나면서 그곳의 백성들이 오랜 가뭄으로 괴로워한다는 것을 알고, 비를 내려주십사고 청원하러 왔사옵니다."

옥황상제가 말했다.

"그곳은 삼 년 전에 짐이 온 세상을 널리 감찰하러 출행하여 들른 곳이다. 삼계를 떠돌다가 그쪽으로 수레를 몰았는데, 군수인 상관上官이라는 작자가 불인不仁하게도 하늘에 바친 제물을 개에게 주고 욕설을 하며 불경죄를 저지르더군. 내가 그것을 친히 봤다. 이에 짐은 즉각 세 가지 일을 피향전披香殿에 설치하라고 분부했다. 너희들은 손오공을 데리고 가서 보여 주거라. 만약 세 가지 일이 이뤄졌다면 비를 내리라는 명령을 할 것이요, 만약 그렇지 않으면 도와주니 마니 할 것도 없다."

사대천사들은 손오공을 데리고 피향전에 갔다. 그곳에는 세 개의 산이 있었는데 하나는 약 열 장丈 높이의 쌀산이었고, 다른 산은 약 이십 장 높이의 밀가루산이었다. 쌀산 옆에는 주먹 크기만 한 병아리가 있었는데, 그곳에서 쌀을 한 알 한 알씩 천천히 쪼아 먹고 있었다. 밀가루산 옆에는 금빛 삽살개가 혀를 날름날름 내면서 밀가루를 핥아 먹고 있었다. 왼쪽에는 철로 만든 선반이 산처럼 있었는데, 거기에 약 한 척 삼십사 촌 길이의 자물쇠가 잠겨 있었다. 손가락 굵기만 한 자물쇠 고리 아래에는 등잔 하나가 놓여 있었다. 등잔의 불이 타면서 자물쇠 고리를 천천히 태우고 있었다. 행자가 어찌된 상황인지 알지 못해서 고개를 돌려 천사들에게 물었다.

"이게 무슨 일이오?"

"그 군수라는 작자가 하늘을 모독하는 죄를 저질렀으니, 옥황상제께서 이 세 개의 산을 만들어 놓은 거죠. 저 병아리가 쌀산의 쌀을 다 쪼아 먹고, 삽살개가 밀가루산의 밀가루를 다 핥아 먹고, 등잔불이 자물쇠 고리를 다 녹이면 그곳에 비를 내리라고 명령하신 겁니다."

손행자가 이 말을 듣고 대경실색하여 아무런 말도 할 수 없었다. 영소보전을 나오는데 그의 얼굴은 근심으로 가득했다. 그러자 사대천사들이 웃으면서 말했다.

"제천대성은 걱정하지 마오. 이 일에 맞는 해결방법이 있소. 만약 일념으로 자선을 베풀어 하늘을 감동시킨다면 쌀산, 밀가루산은 즉시 무너질 것이고, 자물쇠 고리도 끊어질 것이오. 그대는 가서 군수에게 선한 일을 하도록 권면하시오. 그러면 복은 저절로 찾아올 것이오."

행자가 이들의 말에 따라서 다시 인간 세상으로 내려왔다.

5-5.
관음보살이 나타나 앞길을 경계시키다

삼장법사와 제자 일행이 더위를 참아가면서 앞으로 나아가고 있을 때, 갑자기 길가의 키 큰 버드나무 그늘에서 한 노파가 나왔다. 어린아이를 오른손으로 잡고 있는 노파는 삼장법사에게 이렇게 외쳤다.
"스님, 가지 마세요. 빨리 말을 동쪽으로 되돌리세요. 서쪽으로 가시면 죽습니다."
이 말에 깜짝 놀란 삼장법사가 말에서 내려와서는 할머니에게 인사를 하며 물었다.
"할머니, 옛말에 '바다가 넓어야 물고기가 뛰어놀 수 있고, 하늘이 비어야 새들이 자유롭게 날 수 있다'고 했지요. 왜 서쪽으로 가면 죽는다고 하시는 겁니까?"
그러자 노파는 손가락으로 서쪽을 가리키면서 이렇게 말했다.

"저쪽으로 오륙 리를 가시면 멸법국灭法国이 나옵니다. 그 나라의 왕은 전생에 무슨 원한을 쌓았던지 금생에 아무런 이유 없이 죄를 짓더이다. 이 년 전에 하늘에 만 명의 승려를 죽이겠다는 원을 세웠답니다. 그래서 두 해 동안 하나씩 둘씩 죽이더니 마침내 구천구백구십육 명의 승려를 죽이고, 이제 네 명의 승려만 더 죽이면 일만 명을 원만하게 채우게 된답니다. 당신들이 성 안으로 도착하시면 죽임을 당하실 겁니다."

삼장법사가 이 말을 듣고 마음속으로 두려운 마음이 일어 전전긍긍하면서 말했다.

"할머니의 말씀에 진정 감사를 드립니다. 그런데 한 가지 더 묻겠습니다. 멸법국으로 들어가는 길 외에 서쪽으로 가는 다른 길은 없습니까? 우리가 돌아가야 하는 걸까요?"

이에 할머니가 웃으면서 말했다.

"돌아갈 수 없습니다. 날 수 있다면 이곳을 지나갈 수 있겠지요."

팔계가 그 옆에서 입을 삐죽 내밀며 말했다.

"할멈, 솔직하게 말하면 우리는 날 수 있지."

행자는 자신의 화안금정으로 이들의 정체를 꿰뚫어 보았다. 그랬더니 어린아이 손을 잡고 있는 할머니는 관음보살이었고 어린아이는 선재동자였다. 황망히 몸을 굽히면서 손오공은 인사를 했다.
"보살님, 제자가 미처 알아뵙지 못했어요!"
그러자 보살의 발 아래로 상서로운 구름이 뭉게뭉게 피어오르더니 구름이 위로 떠올랐다. 깜짝 놀란 삼장법사가 무너지듯 털썩 주저앉아 무릎을 꿇고 머리를 땅바닥에 대면서 절을 했다. 팔계와 오정도 황망히 무릎을 꿇고 하늘을 향해서 인사를 올렸다. 시간이 흐르면서 구름도 점차 멀어졌다. 관음보살은 구름을 타고 남해로 돌아갔다. 행자가 일어나더니 삼장법사를 부축하며 일으켜 세웠다.
"일어나세요. 보살님은 이미 보산으로 돌아가셨어요."

5-6.
요괴에게 잡힌 삼장법사와 어느 나무꾼

삼장법사의 얼굴에서는 눈물 두 가닥이 주르르 흘러내렸다. 맞은편 나무에 매여 있는 자가 삼장법사에게 이렇게 소리쳤다.

"스님도 잡혀 오셨구려!"

삼장법사가 정색을 하면서 물었다.

"당신은 뉘시오?"

그 사람이 대답했다.

"저는 이 산중의 나무꾼이오. 이 산의 산신령[山主]에게 전날 잡혀 와서 지금 여기에 묶여 있는 겁니다. 오늘로 치자면 사흘째이니 이제 나를 잡아먹으려고 할 거요."

삼장법사가 눈물을 흘리면서 말했다.

"나무꾼님, 당신이 죽으면 그저 당신 한 목숨 죽는 것일 뿐이니 무슨 거리낄 게 있겠소? 허나 내가 죽으면 사정은 그렇게 말끔하지가 않소."

나무꾼이 말했다.

"스님, 당신은 출가인이니 위로 부모님이 있는 것도 아니요, 아래로 처자가 있는 것도 아니니 죽으면 그뿐이지 않습니까. 말끔하고 말고 할 게 뭐가 있습니까?"

삼장법사가 말했다.

"나는 본래 동쪽나라에서 서천으로 불경을 구하러 가는 자요. 당나라 태종 황제의 어지御旨를 받들어 활불을 배알하러 가는 길이오. 경을 얻어 이 유명무주幽冥無主의 외로운 영혼들을 구제할 임무를 졌소. 지금 여기서 내 생명을 잃는다면 군왕과 그 신하들의 바람을 저버리는 일이 되지 않겠소? 왕사성枉死城에서 괴로워하는 무수한 원혼들은 구제받을 길도 없이 영원토록 다시 세상에 태어날 수 없을 것이오. 한바탕의 공과가 모두 풍진으로 화해 버린다면 이것이 어찌 시원하다고 할 수 있겠소?"

나무꾼이 이 말을 듣고 두 눈에서 눈물을 뚝뚝 흘리면서 말했다.

"스님, 당신이 죽는다고 무슨 큰 일이 있겠소. 제가 죽으면 더 상심되는 일이 많습니다. 저는 어려서 부친을 잃고, 홀어머니와 함께 살았지요. 가업도 없어 그저 나무를 해서 그것을 팔아서 생계를 꾸렸지요. 올해 여든세 살이 되신 노모를 모실 이는 오직 나뿐이라오. 만약 내가 죽으면 누가 노모의 시신을 묻어 줄 것이오? 오호라, 슬프구나, 슬퍼! 이 슬픔에 내 마음이 찢어지오."

삼장법사가 이 말을 듣고 대성통곡을 하며 말했다.

"가련하다, 가련하다! 부모를 생각하는 마음이 이와 같다니! 빈승은 헛되이 염불만 욀 줄 알 뿐이지! 사군事君과 사친事親은 같은 이치라! 그대는 부모의 은혜를 생각하고, 나는 임금의 은혜를 생각하는구나."

이 모습은 '눈물 흘리는 이의 눈에는 눈물 흘리는 자가 보이고, 이별에 애끊는 이가 이별하는 이를 보내는' 것과 같았다.

5-7.
소머리 요괴들에게 납치당한 삼장법사

손행자는 근두운을 몰아 자운사慈云寺로 돌아오면서 "동생!" 하고 불렀다. 그러자 정신없이 이야기를 나누고 있던 팔계와 오정이 이 소리를 듣고, 득달같이 달려 나오면서 말했다.

"형님, 어딜 갔다가 이제야 돌아오시는 거요? 사부님은 어찌 되셨소?"

행자가 웃으면서 대답했다.

"어제 저녁에 바람소리가 들리기에 쫓아갔단다. 새벽녘이 되자 어느 산에 도착했는데, 돌연히 그 행적이 보이지 않더라. 다행히 사치공조가 소식을 전해주었단다. 그 산은 청룡산靑龍山이라고 부르는데, 산속에 현영동玄英洞이 있다네. 동굴 안쪽에 요괴 세 마리가 사는데, 피한대왕辟寒大王, 피서대왕辟暑大王, 피진

대왕牌尘大王이라고 부른단다. 알고 보니 이들은 오랫동안 여기에서 기름을 훔쳐서 살던 요괴로, 불상으로 변신하여 금평부金平府 관원들을 속여먹곤 했더라. 올해 우리가 온 걸 보고 사부님을 납치해 간 거야. 내가 이런 사정을 알고는 공조등에게 사부님을 몰래 잘 보호하라고 분부를 했어. 그런 뒤에 내가 그 동굴 앞으로 나가 요괴 놈에게 욕을 했더니, 그 세 요괴가 일제히 나오더구나. 모두 소머리를 한 귀신의 형상이었어. 큰 놈은 도끼를 휘두르고, 둘째 놈은 큰 칼을 휘두르며, 셋째 놈은 몽둥이를 사용하더구나. 이놈들 뒤로 자그마한 소머리 귀신들이 깃발을 흔들고 북을 치면서 떼로 덤벼들더라. 작은 요괴들이 끝도 없이 공격해 와 물리쳐도 물리쳐도 끝이 나지 않아. 날이 저문 것을 보고 이렇게 근두운을 돌려서 돌아왔단다."

팔계가 말했다.

"풍도성酆都城의 귀왕鬼王이 소란을 피우나 보오."

오정이 말했다.

"형님은 어찌 풍도성의 귀왕이라고 추측하는 거요?"

팔계가 웃으면서 말했다.

"형님이 소머리 귀신이라고 하지 않더냐, 그러니 풍도성이라고 한 거지."

행자가 말했다.

"아냐, 아냐! 내가 보기에는 세 마리 모두 무소[犀牛] 요괴였어."
팔계가 말했다.
"아하, 만약 그놈들이 무소라면 잡아다가 뿔을 잘라 몇 냥에 팔리는지 알아봅시다."
이렇게 이야기하는데, 주위에 있던 승려들이 말했다.
"손 어르신, 저녁 공양 드시겠습니까?"
행자가 대답했다.
"간단히 먹어도 되고, 안 먹어도 되네."
승려들이 말했다.
"어르신은 오늘 하루 동안 요괴들과 일전을 벌이고 오셨는데, 배가 고프지 않으신 겁니까?"
"오늘 하루 안 먹는다고 배가 고프진 않아! 나로 말할 것 같으면 오백 년 동안 음식을 먹지 않은 자이지!"
승려들은 손행자의 말이 진짜인지 가짜인지 알 수 없어 그저 웃을 뿐이었다. 잠시 후 먹을 것을 가져오자 행자도 조금은 먹었다. 그런 뒤에 말했다.
"잠 잘 준비를 하거라. 내일 날이 밝으면 다시 싸우러 가겠다. 요괴 왕을 잡고 사부님을 구하겠다."
오정이 옆에 있다가 말했다.
"형님은 무슨 소리를 하시오! 이런 말이 있잖소, '멈추고 머무는 것에도 지혜를 써야 한다'고. 요괴 놈들이 오늘밤에 잠자지 않고 사부님을 해친다면 어떻게 하실 거요? 지금 빨리 그곳으로 다시 가서 그들이 손도 못 쓰게 소란을 피우고, 사부님을 구해 오는 것이 좋겠소. 지체해서 일이 잘못될까 두렵소."
팔계가 이 말을 듣고 가슴을 쫙 펴며 큰소리쳤다.
"동생의 말이 옳소! 달빛이 좋으니 어서 요괴를 잡으러 갑시다!"
행자도 동생들의 말에 따르기로 하고, 사찰의 승려들에게 말했다.
"우리의 짐과 말을 잘 지켜주시오. 우리가 요괴를 잡아서 돌아오면 이 마을의 관리에게 가짜 부처 사건을 알려서 기름을 도난당한 일들을 명백히 밝힐 것이고, 마을 사람들이 고난에서 벗어나도록 해주겠소."
승려들은 고개를 끄떡이며 감사의 인사를 그치지 않았다. 셋은 위로 풀쩍 뛰어올라 구름을 타고는 성을 나서 요괴가 있는 동굴로 날아갔다. 이 모습을 증명하는 시가 있다.

나태함과 산만함을 단속하지 못하면 선심禪心이 어지러워진다네.
재난이 닥쳐오는 것도 이유 있으니 이에 도심이 흐려지는 것이지.

5-8.
부마가 된 삼장법사

행자는 아름답게 치장한 누각 아래에서 삼장법사와 이별했다. 두 걸음 걸을 때마다 두 번 낄낄대며 희희낙락 역관驛館으로 돌아왔다. 팔계와 오정이가 그를 맞으면서 물었다.
"형님, 무엇이 그리 즐거우시오? 사부님은 왜 보이지 않소?"
행자가 대답했다.
"사부님께 경사가 있어!"
팔계가 물었다.
"지구의 끝에도 아직 도착하지 못했고, 또 부처님도 못 뵙고 경도 얻지 못했는데, 무슨 경사란 거요?"
행자가 웃으면서 말했다.
"사부님을 모시고 사거리의 어느 아름다운 누각 아

래를 걸어가는 중이었어. 이 나라의 공주가 누각 위에서 사부님을 향해서 수놓은 공주머니를 던져 맞추신 거야. 궁의 나인들과 관리들이 사부님을 모시고 누각 앞으로 모시고 가더니 공주님과 함께 가마에 태워 궁궐로 가더라구. 부마로 결정된 것이니 이 어찌 경사스런 일이 아니겠어!"
팔계가 행자의 말을 듣고, 가슴을 치고 폴짝폴짝 뛰며 말했다.
"일찌감치 이 일을 알았더라면, 내가 갔을 텐데! 모두 오정이 탓이야, 네가 나를 막지만 않았더라도, 내가 그 누각 아래로 달려가서 공주님이 던진 공주머니를 맞았을 텐데. 그러면 공주님의 남편이 되었을 텐데. 아아, 이 얼마나 아름다운 일이냐! 잘생긴 나와 아름다운 공주라면 천생연분이지. 그러면 이 얼마나 재미있겠어!"
오정이 팔계 앞으로 가더니 그의 얼굴을 쓰윽 쓰다듬으면서 말했다.
"부끄럽지도 않소! 툭 튀어나온 주둥이로 참 말은 잘 하시오! '은자 세 개로 늙은 노새를 사서 의기양양하게 타고 다닌다'는 말이 형님께 꼭 해당되오. 수놓은 공주머니가 형님을 맞혔다면 밤새도록 '역신은 물러가라'는 부적[退送紙]이 불탔을 거요. 감히 누가 형님과 같은 어두운 기운을 불러들이는 자를 문 안으로 들이려고 하겠소!"
팔계가 말했다.
"검은 포대자루 같은 녀석이 흥취를 모르는구먼! 얼굴이 흉측스럽다고 해도 그 나름의 풍취가 있어. 옛말씀에 '거죽과 살은 조잡해도 그 안의 뼈는 강건하니, 각자 얻을 만한 것은 하나 있다'고 했다고."
행자가 말했다.
"팔계는 어쭙잖은 소리일랑 하지 마라! 어서 짐을 꾸려라. 사부님이 조급해하실까 두렵다. 우리를 부르면 득달같이 달려가서 보호해야지."
팔계가 말했다.
"형님의 말은 틀렸소. 사부님이 부마가 되시어 궁중에서 황제의 딸과 기쁨을 함께 누리실 텐데, 어찌 우리랑 험한 길을 가시려고 하겠소? 그러니 우리가 사부님을 보호할 일도 없을 거요. 사부님은 부마가 되어 한평생 살 것이고, 한 이불 속 일도 잘 알고 계실 테니, 어찌 우리랑 같이 가시려고 하겠소?"
행자가 팔계의 귀를 잡고 주먹으로 때리면서 욕했다.
"음란한 생각으로 가득 찬 이 똥자루야, 어디서 말도 안 되는 소리를 하는 것이냐!"
이렇게 행자와 팔계가 부산을 떨고 있는 사이에 역승

이 와서 이들에게 보고했다.

"주상폐하가 성지를 내리셨소. 관리를 보내시어 세 분의 스님들을 모시고 오라시오."

팔계가 물었다.

"우리를 왜 부른답니까?"

역승이 말했다.

"그대의 사부님이 다행히 공주마마를 만나시어 수놓은 공주머니를 얻어 부마가 되셨기로, 이에 관리를 보내어 청하시는 것이옵니다."

행자가 말했다.

"관리는 어디 있소? 안으로 들어오시오."

방 안으로 들어온 관리가 행자를 보고는 예를 올렸다. 예를 다한 뒤에도 감히 고개를 들지 못하고, 혼자 염불 외듯 중얼거렸다.

"귀신인가? 요괴인가? …… 벼락신인가? 야차인가?"

행자가 말했다.

"여보시오, 할 말이 있으면 말을 할 것이지 왜 중얼거리는 거요?"

관리는 몸을 부들부들 떨면서 두 손으로 성지를 올리면서 입에서 나오는 대로 말했다.

"공주님께서 친히 그대들을 뵙길 청하오. …… 공주님께서 뵙길 청하오, 친히 그대들을."

팔계가 말했다.
"여기에는 형틀도 없으니 그대를 때릴 수 없소. 그러니 그대는 천천히 말하시오. 두려워 말고."
행자가 말했다.
"네가 때릴까봐 겁나는 게 아니라, 너의 그 흉악한 면상이 무서운 거야! 빨리 짐을 꾸려라. 말을 몰고 조정으로 들어가서 사부님을 뵙고 일을 상의하자."

5-9.
여행은 멈추지 않는 것

사흘 밤낮으로 열린 법회를 성황리에 마쳤다. 삼장법사는 뇌음사에 가고 싶다는 일념으로 구원외鹿員外에게 감사의 말을 전하고 떠나려고 했다. 그러자 구원외가 말했다.

"스님, 어찌 이리도 빨리 떠나시려고 하십니까? 연일 불사佛事로 심히 바쁘셨습니다. 그러니 편히 오랫동안 쉬시고 가시지요."

삼장법사가 말했다.

"그대의 후의에 깊이 감사하오. 어떻게 갚아야 할지 모를 정도요. 하지만 우리 임금께서 나를 천축국으로 보낸 지 이미 여러 해가 흘렀소. 내가 처음 길을 떠날 때 삼 년이면 불경을 얻어 돌아갈 수 있을 거라고 했소. 길에서 이렇게 지체될 거라고는 생각지도 못

했소. 벌써 십사 년이나 되었단 말이오! 경을 얻을 수 있을지도 의문이고, 다시 고국으로 돌아가는 데도 십이삼 년은 걸릴 터이니 어찌 성지聖旨를 어기지 않을까 걱정하지 않을 수 있겠소. 이 죄를 내가 어이 감당하겠소! 그러니 길을 계속 가고 불경을 얻어 고향으로 돌아갈 수 있도록 원외께서 양해해 주시오."
저팔계가 참을 수 없다는 듯 빽 소리를 질렀다.
"사부님은 왜 이리도 사람의 마음을 몰라주십니까! 인정도 없으시오! 부자인 원외께서 서원을 하여 우리에게 공양을 대접했고 불사를 주관하여 원만히 치를 수 있게 한 것이지요. 하물며 치성을 드릴 일이 더 있다면서 우리를 만류하니 여기에 더 머물러도 일에 차질이 생기진 않을 겁니다. 그런데도 계속 가시겠다고만 하시니! 잘 차려진 공양은 내버려 둔 채 다른 곳에서 탁발을 하자니! 앞길에 친척집이라도 있답니까?"
삼장법사가 버럭 소리를 질렀다.
"이 멍청한 놈아, 먹을 줄만 알고 회향回向은 전혀 모르는구나. '구유 안에서 처먹으면서 위장이나 문지르는' 이 축생아! 너희가 탐진치貪嗔痴를 바란다면, 내일이라도 당장 고향으로 가거라!"
행자는 삼장법사의 낯빛이 변하는 것을 보고 팔계의

먹살을 잡고 머리를 한 대 때리면서 말했다.
"이 바보가 아는 게 없네. 너 때문에 우리까지 사부님한테 욕먹었잖아!"
오정이 웃으며 말했다.
"형님, 잘 때리셨소! 말이나 하지 말고 가만히나 있지, 괜히 입만 열어 사람들을 화나게 하네요."
팔계는 씩씩 대면서 옆에 서 있을 뿐, 감히 다시 입을 열지 못했다. 구원외는 사부와 제자들이 점차 소리를 높이며 싸우자, 만면에 웃음을 띠며 이렇게 말했다.
"스님, 너무 조급해하지 마세요. 오늘은 좀 쉬시지요. 내일 깃발과 북을 준비하여 이웃의 친척들을 초청하여 불사를 치른 다음에 배웅하도록 하겠습니다."
삼장법사가 말했다.
"원외의 후의에 감사드립니다. 하지만 오늘 아침에 꼭 떠나야 하겠습니다. 부디 나무라지 마십시오. 이렇게 하지 않으면 오랫동안 황제 폐하와의 약속을 어기게 되는 것이기에 죽을죄를 면치 못할까 두렵습니다."

5-10.
영취산에 도착한 일행

삼장법사 일행은 큰 길에 발을 내딛었다. 과연 서방 부처님의 땅은 그들이 있었던 곳과는 달랐다. 화려하고 기이한 화초가 자라고 있었고 측백나무와 소나무가 예스러울 뿐만 아니라 푸르고도 맑았다. 그들이 지나친 가가호호家家戶戶와 사원에는 수행하는 사람들도 가득했고, 숲속은 불경을 읊는 소리로 가득했다. 일행은 저녁에는 자고 새벽에는 일어나 길을 재촉했다. 이렇게 육칠 일을 보내자 홀연히 지붕이 아름다운 높은 누각이 등장했다.

삼장법사가 채찍을 들고 손가락으로 저 멀리를 가리키면서 말했다.

"오공아, 좋은 곳이구나!"

행자가 말했다.

"사부님은 가짜 천축국, 가짜 불상에는 굳이 내려 절까지 하시더니, 이제 진짜 천축국에 도착하고 진짜 불상이 있는 곳에 도착하자 여전히 말 위에 계시면서 인사도 하지 않으시네요."
삼장법사가 이 말에 깜짝 놀라 황급히 몸을 돌려 말에서 내려왔으나, 이미 말은 누각의 문 앞에 도착한 상태였다. 한 동자가 산문 앞에 비스듬히 서 있더니 이렇게 외쳤다.
"동쪽 나라에서 불경을 구하러 오신 분이 아니십니까?"
삼장법사가 급히 옷깃을 여미고, 머리를 들어 바라보니 그의 모습은 이랬다.

몸에는 비단 옷을 걸치고 손으로는 옥으로 된 불진佛塵을 흔들고 있네.
몸에 비단옷을 걸친 까닭은 보각寶閣과 요지瑤池에서 열리는 연회에 항상 달려가기 위해서이지.
손으로 옥으로 된 불진을 흔드는 까닭은 단대丹臺와 자부紫府의 먼지를 매번 털기 때문이라네.
팔뚝에 신선들의 부록符籙을 걸고 있고, 발에는 운리혜雲履鞋를 신었네.
표연히 날아가는 그 모습은 진정한 신선이요, 수려

한 그 모습이 진실로 기이하구나.
수련하여 장생하니 아름다운 경지[勝境]에서 거하고, 수련하여 영원한 생명을 이루니 속세를 벗어났구나.
성승은 영산靈山의 나그네가 그때의 금정대선金頂大仙임을 알지 못하는구나.

손행자가 그를 알아보고 즉시 외쳤다.
"사부님, 이분은 영취산 기슭 옥진관玉眞觀에 계시는 금정대선이십니다. 우리를 맞이하러 오셨어요."
삼장법사가 그제야 그를 알아보고, 그 앞에 나아가 예를 올렸다. 금정대선이 웃으면서 말했다.
"성승은 지금에야 당도하셨소이다. 내가 관음보살에게 속았소. 십 년 전에 관음보살이 말하길, 부처님의 명을 받들어 취경할 자를 구하러 동쪽으로 간다며 이삼 년 내에 이곳에 도착할 거라고 했소. 내가 해마다 기다리고 또 기다렸건만 소식이 없더이다. 그런데 생각지도 못하게 오늘에야 이렇게 만나게 되는구려."
삼장법사가 합장하면서 말했다.
"대선의 성의와 노고에 감사드립니다."
그를 따라 제자들도 짐을 메고 말을 몰고 옥진관 안으로 같이 들어갔다.

낭송Q시리즈 서백호
낭송 서유기

6부
길은 다시 시작된다

6-1.
외나무다리 능운도 건너기

"길을 잘못 들었나 보다. 금정대선께서 잘못 가르쳐 주신 걸까? 이렇게 폭도 넓고 물살도 센 강물을 어떻게 건너가겠느냐? 배도 보이지 않는구나. 어쩌면 좋으냐?"
행자가 웃으면서 말했다.
"잘못된 게 아닙니다. 보세요, 저기 다리가 보이잖아요. 저 다리를 통해서 건너편으로 가면, 정과를 이룰 거예요."
삼장법사 일행은 다리로 가까이 다가가서 살폈다. 다리 옆에는 '능운도凌雲渡'라는 세 글자가 쓰여 있었다. 그런데 이것은 외나무다리였다.
삼장법사는 외나무다리를 보고 너무 놀라 부들부들 떨면서 말했다.

"오공아, 이 다리는 사람이 건널 다리가 아니다. 다른 길을 찾아보자."

행자가 웃으면서 말했다.

"바로 이 길이에요! 이 길!"

팔계가 당황하여 소리쳤다.

"이게 길이라고? 이걸 어떻게 건너자는 말이오? 수면은 넓고 포말이 튈 정도로 물살이 거센데, 통나무 하나로 된 다리를 건너자니! 그리고 이 다리는 미끄러울 뿐만 아니라 너무 좁잖소. 발이 미끄러지기라도 하면 어떻게 하오?"

행자가 말했다.

"잠시 기다려라. 내가 건너가 보마."

손오공은 발을 내딛더니 폴짝 뛰어서 외나무다리에 올랐다. 잠시 후 다리를 뛰어서 건너간 손오공은 다리 저쪽 편에서 외쳤다.

"건너와, 건너오라구!"

삼장법사는 손을 휘저었다. 팔계와 오정도 소리쳤다.

"안 돼요! 안 돼!"

행자가 저쪽에서 이쪽으로 펄쩍 뛰어오더니 팔계를 끌고 소리쳤다.

"이 멍청아, 괜찮아. 나랑 함께 가자. 나랑 가자."

팔계는 땅에 풀썩 주저앉더니 아예 누워 버렸다.

"너무 미끄럽단 말이요, 미끄러워! 나는 갈 수 없으니, 형님이 날 업고 가슈. 바람과 이슬을 몰듯 건너가게 해주쇼."

행자가 화를 삭이면서 말했다.

"여기는 구름을 타고 건너는 곳이 아니야. 반드시 이곳부터는 다리 위를 걸어서 건너야 해. 그래야만 성불할 수 있어."

팔계가 말했다.

"형님, 성불하지 못해도 좋소. 난 정말이지 건너갈 자신이 없소."

둘은 능운도 한편에서 당기고 끌고 뒤로 내빼면서 소란을 피웠다. 오정이 다가가서 화해를 권하자 그제야 서로 손을 놓았다. 삼장법사가 고개를 돌아보니 홀연히 저쪽에서 배를 몰고 오는 한 사람이 보였다. 그는 "강 건너요, 강 건너!"라고 외치고 있었다. 삼장법사가 기뻐하면서 말했다.

"제자야, 그만 소란 떨거라! 저기 배를 몰고 오는 자가 있구나."

세 사람은 강가로 달려가 조용히 서서 한 곳을 바라보았다. 배가 일행 가까이까지 다가왔다. 알고 보니 이 배는 바닥이 없는 배였다. 화안금정火眼金睛의 손오공은 처음부터 뱃사공이 접인불조接引佛祖임을 알았고, 또 그가 나무보장광왕불南无宝幢光王佛이라고 칭해지는 것도 알았다. 하지만 행자는 그의 신분을 밝히지 않고 그저 그를 부를 뿐이었다.
"이쪽으로 오세요! 이쪽에 배를 대세요!"
삽시간에 배는 강 언덕에 와 닿았다. 삼장법사는 배를 보고 마음속으로 놀라 이렇게 말했다.
"바닥이 없는 부서진 배를 타고 어떻게 건너갈 수 있단 말이냐?"
뱃사공이 말했다.
"이 배로 말할 것 같으면, 천지가 개벽할 때부터 이름을 날렸다오. 내가 노를 잡았어도 다행히 그 명성은 바뀌지 않았으니, 파도가 치고 바람이 일어도 배는 평온하다오. 시작도 없고 끝도 없어 즐겁고 평안하지요. 세속의 때에 오염되지 않았으니 능히 귀일歸一할 수 있고, 만겁이 되는 세월 동안 평안하고 자재하다오. 바닥이 없는 배라서 바다를 건널 수는 없으나 옛날부터 지금까지 널리 중생들을 건너게 하였다오."

6-2.
피안에 오르다

삼장법사가 배에 발을 올려놓지 못해 물속으로 그만 풍덩 빠질 뻔했다. 뱃사공이 삼장법사를 부축하더니, 배에 잘 서게 했다. 삼장법사는 옷을 정돈하고 신발을 털면서 행자를 원망했다. 행자는 아랑곳하지 않고 오정과 팔계를 이끌고 또 말을 끌고 짐을 지고는 배에 올라 똑바로 섰다. 접인불조가 가볍게 힘을 주어 노를 저어 가는데, 저 위에서 시체 한 구가 떠내려 오는 것이 보였다. 삼장법사가 그걸 보고 크게 놀랐다. 행자가 웃으면서 말했다.

"사부님, 두려워하지 마세요. 저것은 원래 사부님이셨답니다."

팔계도 말했다.

"사부님이세요, 사부님!"

오정도 박수를 치면서 말했다.
"사부님이세요, 사부님!"
노를 젓던 접인불조도 연신 말했다.
"바로 당신이에요. 축하해요, 축하해요."
일행은 일제히 한목소리로 축하의 말을 했고, 그에 화답하는 말들을 나눴다. 잠시 후 조용하게 배는 나아가더니 맞은편에 도달했다. 삼장법사는 몸을 돌려서 조용히 피안으로 뛰어내렸다. 이를 증명해 주는 시가 있으니, 다음과 같다.

> 인간의 골육을 환골탈태하니, 서로가 가깝게 아끼는 것은 원신元神이라.
> 이번 생에 만방을 지나 성불하였으니, 그해에 서른여섯 속세를 깨끗이 씻었네.
> 이는 진실로 광대한 지혜라고 할 수 있으니, 피안에 올라 무극의 법을 익히네.

일행이 뭍으로 오른 뒤 고개를 돌려보니 바닥 없는 배는 어디로 갔는지 보이지 않았다. 행자가 접인불조라고 말해 주자, 삼장법사는 이제야 알았다는 듯 급히 몸을 돌렸지만 그는 보이지 않았다. 이에 세 제자들에게 감사의 인사를 했다. 행자가 말했다.

"서로 감사해할 필요 없어요. 피차간에 서로 부축하며 왔으니까. 사부님은 해탈하시고 저희들은 불문을 통해 수행을 하여 다행히 정과를 이루었답니다. 사부님도 저희들의 보호를 받으셨지만 깨달으시어 범인凡人의 태를 기쁘게도 벗으셨습니다. 사부님, 앞쪽의 화초, 난새와 봉황, 학과 기린이 어우러진 광경이 보이십니까. 요괴들이 변신술을 부리던 곳과 비교하여 어디가 좋고 어디가 나쁩니까. 어디가 선하고 어디가 나쁩니까."

삼장법사는 감사의 말을 그치지 않았다. 일행은 모두 경쾌한 발걸음으로 영산을 올랐다.

6-3.
무자無字 경전을 받고 돌아가는 삼장법사

아난阿難과 가섭迦葉은 삼장법사 일행을 데리고 가서 불경의 제목을 쭈욱 보여 주었다. 그리고 삼장법사에게 이렇게 물었다.
"성승은 동쪽나라에서 이곳까지 오시면서 우리에게 줄 선물은 가지고 오지 않으셨소? 내놓으면 당신에게 불경을 얼른 내어드리겠소."
삼장법사가 이 말에 어쩔 줄 몰라 하며 말했다.
"제자가 여기까지 오는 길이 너무나도 멀어 미처 준비하지 못했습니다."
두 존자들은 웃으면서 말했다.
"좋습니다, 좋아요. 빈손으로 경전을 받아 후세대에까지 전하면 후세 사람들은 굶어 죽을 거요!"
행자가 그들이 입을 이죽거리며 불경을 전해 주지 않

으려는 것을 보고 참을 수 없어서 소리를 내질렀다.
"사부님, 석가여래께 직접 우리에게 불경을 주시라고 이야기하러 갑시다."
아난이 말했다.
"소란 떨지 말거라! 이곳이 어디라고! 너는 여전히 제멋대로냐? 자, 여기로 와서 경을 받거라!"
팔계와 오정도 자신들의 성질을 참으면서 행자를 달래고 있었다. 아난의 말을 듣고 이들은 몸을 돌려 불경을 건네받았다. 한 권 한 권을 보자기에 싸서 말 위에 싣고, 또 꾸러미를 더 만들어 팔계와 오정이 짐을 맸다. 이들은 보좌寶座 앞으로 나가서 고개를 조아리며 석가여래에게 감사의 인사를 올렸다. 이들은 곧장 문을 나섰다. 길을 가다가 부처님을 만나면 두 번 절을 했고, 보살을 만나면 두 번 절을 했다. 대문에 이르러 비구승과 비구니, 우바이와 우바새에게 일일이 작별의 말을 나눴고 산을 내려와 말을 달렸다.
한편 보각寶閣 위에서 불경을 전해 준 이야기를 얼핏 듣고 있던 연등고불燃燈古佛은 아난과 가섭이 무자無字 경전을 전해 준 것을 알게 되었다. 연등고불은 혼자 웃으며 말했다.
"동쪽에서 온 승려가 우매하여 무자 경전인 줄 모르니, 성승은 참으로 헛된 걸음을 하고 만 것이 아닌가!"

그러면서 연등고불은 주위에 대고 "누구 있느냐?"라고 물었다. 그러자 백웅존자白雄尊者가 나타났다. 연등고불이 분부했다.

"너는 신위神威를 드러내어 별처럼 빠른 속도로 삼장법사를 쫓거라. 그들을 만나면 그 무자 경전을 빼앗아 가지고 오너라. 그들이 진짜 경전을 구할 수 있도록 다시 오게 해야겠다."

백웅존자는 즉시 광풍을 몰더니, 뇌음사의 산문 밖으로 구르듯이 뛰쳐나갔다.

6-4.
경전을 싣고 당나라로 돌아가는 길

석가여래가 삼장법사 일행을 보낸 이후에야 경전을 전해 주는 모임은 끝이 났다. 관음보살이 합장을 하며 석가여래에게 다가와서 말했다.
"제자가 그해 명령을 받자와 불경을 가지러 올 사람을 구하러 동쪽으로 갔을 때부터 지금까지 십사 년의 시간이 흘렀습니다. 총 오천사십 일이 걸렸는데 이는 그들에게 준 대장경의 수에 팔 일이 모자라는 수입니다. 바라옵건대 성승 일행이 당나라에 갔다가 이곳으로 팔 일 이내에 다시 오게 하여 대장경의 수에 맞추는 게 좋겠습니다. 사람을 보내시어 명령을 실현시키소서."
석가여래가 크게 기뻐하면서 말했다.
"그대의 말이 맞소. 사람을 보내 명령을 전달하라."

즉각 팔대금강을 불러 분부하며 말했다.
"그대들은 속히 신장神將을 보내어 성승 일행을 당나라로 빨리 보내도록 하거라. 성승 일행이 진짜 불교 경전을 전달하게 한 다음, 즉시 그들을 서쪽으로 다시 모시고 오너라. 반드시 팔 일 이내에 돌아와서 대장경의 수에 맞추도록 해라. 기일을 어기지 않도록 하거라."
팔대금강이 즉시 삼장법사의 뒤를 쫓았다. 조금 날아가니 저 앞에 일행이 보였다. 그는 이렇게 외쳤다.
"여보시오, 불경을 지고 가는 자들이여! 나를 따르시오!"
삼장법사 일행은 금강을 따라서 구름을 타고 동쪽으로 날아갔다. 이들의 모양을 전하는 글귀가 있으니 다음과 같다.

본성을 알아 마음을 밝게 하여 부처님을 뵈오니,
수행하여 공을 이루고 구름을 타고 날아가는구나.

6-5.
고난은 아직 끝나지 않았다 ①

급히 석가여래에게 전하는 소리가 뒤에서 들렸다.
"불문에는 '구구'九九 팔십일을 겪어야 진짜 모습으로 돌아간다[歸眞]는 말이 있습니다. 성승 일행들이 팔십 개의 고난을 겪었으나 아직 하나가 모자라 이 숫자를 완성시키지 못했습니다."
석가여래는 게체에게 명령을 내렸다.
"빨리 금강을 쫓아서 한 가지의 고난을 더 겪게 하거라."
명령을 받은 게체는 구름을 타고 동쪽으로 날아갔다. 주야로 쉬지 않고 날아가니 팔대금강의 뒤를 따라잡을 수 있었다. 게체는 팔대금강에게 귓속말로 속삭였다.
"일이 여차여차하였으니 석가여래의 명을 받들어 잘

못됨이 없게 하시오."
이 말을 들은 금강은 급작스레 바람을 멈추고 삼장법사 일행, 말과 경전을 모두 땅으로 떨어뜨렸다. 이 모습을 그린 시가 있다.

> 구구 팔십일 난을 거쳐야 정과를 얻을지니 도는 정말 행하기 어렵나니,
> 굳은 심지를 굳건히 가져야 오묘한 관문[玄關]에 설 수 있도다.
> 반드시 괴로움은 수련으로 물리쳐야 하나니 그러면 요괴들이 물러갈 것이고,
> 반드시 바른 마음을 가지고 수행해야 하나니 그러면 정법은 돌아오리다.
> 불경을 너무 쉽게 얻으려고 하지 마라,
> 성승은 얼마나 많은 어려움을 이겨왔던가.
> 예로부터 현묘한 도를 다루던 것들은 모두 하나였으니,
> 조금이라도 달라지면 단(丹)을 맺을 수 없다.

두 발이 땅에 닿자, 삼장법사는 비로소 무슨 일이 일어났는지 알고 그제야 놀랐다. 팔계가 껄껄 크게 웃으면서 말했다.

"좋아, 좋아, 좋아! 급할수록 천천히 가라는 말씀이지."

오정이 말했다.

"맞아요, 맞아! 우리가 너무 빨리 오긴 했어요. 우리에게 잠시 쉬어가라는 말이로군요."

행자가 말했다.

"속어에 이런 말이 있지. '열흘 앉아 있기는 힘들어도 하루에 아홉 가지 난을 겪을 수는 있다.'"

6-6.
고난은 아직 끝나지 않았다 ②

일행은 입으로는 말을 재잘재잘 하면서도 걸음은 멈추지 않았다. 천천히 걸어간 이들은 강가에 도착했다. 이때 이들의 귀로 홀연히 사람의 목소리가 들려왔다.
"당나라의 성승님, 당나라의 성승님! 이쪽으로 오세요, 이쪽으로!"
일행은 모두 놀라 머리를 들고 주위를 돌아보았으나 사람의 모습은 보이지 않았다. 게다가 배도 없었다. 다만 늙은 자라가 강물 밖으로 흰 머리를 내놓고 이들을 향해서 소리치는 모습이 보였다.
"삼장법사님, 왜 이제야 오십니까? 제가 몇 년을 기다렸는지 모릅니다."
손행자가 웃으면서 말했다.

"지난번 통천하通天河를 건널 때 자네에게 큰 신세를 졌다. 오늘 또 이렇게 만나는구나."
삼장법사와 팔계, 오정은 모두 기뻐하며 인사말을 나눴다. 행자가 말했다.
"자네가 정말 우리를 접대할 마음이라면, 뭍으로 올라와서 우리를 태워주게."
그러자 늙은 자라는 몸을 강가로 드러내더니 올라왔다. 행자는 그의 등딱지에 말을 끌어다 태웠다. 팔계는 말 후미에 웅크리고 앉았고, 삼장법사는 말의 왼편에 섰고, 오정은 그 오른편에 섰다. 행자가 한 발로 늙은 자라의 머리를 밟고 서서는 말했다.
"늙은 자라야, 조심해서 헤엄치거라."
늙은 자라는 네 다리를 흔들더니 평지를 걷듯 수면을 치면서 나아갔다. 삼장법사 일행은 늙은 자라의 등을 타고 동쪽 강 언덕으로 향했다.
그들을 태운 늙은 자라가 물살을 헤치고 반나절 정도를 가자 날은 점차 지기 시작했다. 앞에는 동쪽 강 언덕이 보였고 점차 가까워지기 시작했다. 문득 늙은 자라가 삼장법사에게 물었다.
"삼장법사님, 제가 전에 부탁드렸지 않습니까. 서방 석가여래를 뵈옵거든 제가 언제 인간의 몸을 얻을 수 있을지 물어봐 달라고 말입니다. 물어보셨습니까?"

삼장법사가 서천에 당도해서는 목욕을 하고, 능운도를 건너 탈태를 하고, 영산을 오르는 등등의 일로 바빴을 뿐만 아니라, 부처님, 보살님, 승려들에게 예불을 올리는 등 오직 마음은 경전을 얻는 데 있었다. 그렇기에 다른 생각을 할 겨를도 정신도 없었다. 그러니 자라가 한 부탁을 기억했을 리 없었다. 삼장법사는 뭐라고 대답할 수도, 그렇다고 감히 속일 수도 없었다. 자라는 삼장법사가 아무런 반응을 보이지 않자 그가 물어보지 않았음을 알고, 곧장 부르르 몸을 흔들더니 물속으로 들어갔다. 그 탓에 삼장법사 일행은 물에 빠져 허우적거렸다.

6-7.
고난은 아직 끝나지 않았다 ③

삼장법사와 제자들은 강에 빠졌다. 다행히 백마는 용이고, 팔계와 오정은 수영을 할 수 있어서 무사했다. 행자는 가뿐하게 신통력을 발휘하여 삼장법사를 부축하여 물에서 나와 동쪽 강 언덕으로 오를 수 있었다. 하지만 불경을 싼 보자기, 옷, 마구馬具들은 물에 흠뻑 젖었다.

삼장법사와 일행이 막 뭍으로 올라와 수습을 하는데, 갑자기 하늘이 어두워지면서 바람이 사납게 불기 시작했다. 게다가 우레와 번개는 물론이고 흙과 돌이 회오리치듯 하늘을 마구 날아다녔다. 일진광풍에 하늘과 땅이 서로 뒤집힐 듯 요동쳤다. 우르릉 꽝꽝 우레 소리에 산천이 흔들리고, 뱀과 같은 벼락이 구름 속을 날아다녔다. 하늘 가득 서리가 내리니 대지가

다 얼어붙었다. 바람은 미친 듯이 포효했고, 우레는 세상을 다 쪼갤 듯이 번쩍였다. 안개가 가득 끼더니 달과 별을 다 가릴 정도였다.

깜짝 놀란 삼장법사와 오정은 경전 짐 보따리를 눌러 보호했다. 팔계는 백마의 고삐를 쥐었다. 행자는 두 손으로 쉴 새 없이 여의봉을 돌리면서 좌우를 보호했다. 알고 보니 바람, 안개, 우레, 벼락은 요괴들의 장난으로, 경전을 탈취하려고 벌인 짓이었다. 힘겹게 하룻밤을 지내고 나니 날이 밝아지기 시작했다. 그러자 점차 바람과 벼락이 잦아들었다. 물에 흠뻑 젖은 삼장법사가 부들부들 떨면서 말했다.

"오공아, 이게 도대체 어떻게 된 일이냐?"

행자가 헐떡대며 대답했다.

"사부님은 모르실 거예요. 우리는 사부님이 구하신 불경을 보호하는 자들입니다만, 경전을 얻은 것은 천지자연의 공을 뺏는 일이지요. 경전은 하늘과 땅과 더불어 장구長久하는 것이요, 해와 달과 함께 영원히 밝은 것이요, 장수하는 것이요, 법신은 썩지 않는 것이기 때문이지요. 그러니 이것을 취하는 것은 천지자연이 용납지 않는 일이자, 귀신들이 시기하는 바여서 훔치려고 온 것이지요. 다행히 첫째 이 경은 물에 젖었고, 둘째 사부님의 바른 법신이 경을 보호하고 있었기에 우레가 결코 불경을 없앨 수는 없었죠. 물론 번개가 불경을 비춘다거나 안개가 가릴 수도 없습니다. 또한 제가 순양純陽의 성질을 가진 여의봉을 휘둘렀기에 보호할 수 있었던 거지요. 날이 새자, 양기가 차올랐기로 음의 요괴들이 불경을 빼앗아 가지 못한 겁니다."

삼장법사, 팔계, 오정은 그제야 무슨 일이 일어났는지 알게 되었고, 서로의 공을 치하했다. 조금 뒤 태양이 높이 떠오르자, 이들은 높은 곳으로 올라가 짐 보따리에서 경전을 꺼내어 말리기 시작했다.

6-8.
진인은 그 모습을 드러내지 않고,
얼굴을 드러낸 자는 진인이 아니다

앞을 보고 뒤를 봐도 과일을 바치고 제물을 바치는 사람들의 줄이 끝없이 이어졌다. 팔계는 웃으면서 말했다.

"아이고, 내 신세야! 내가 음식을 마구 먹을 수 있던 때엔 아무도 내게 먹으라고 음식을 가져다주지 않았지. 지금은 배가 불러 더 먹을 수 없는데, 한 집이 먹을 것을 갖다 주니 다른 집도 먹으라고 가져다주네."

그러면서 배도 부르고 기분도 좋아진 팔계는 대충 손을 놀리더니 채소 여덟아홉 접시를 또 먹어치웠다. 위가 아플 정도였지만 그는 만두를 이삼십 개나 더 먹었다. 식사를 다 마쳐 배가 터질 지경인데, 다른 집에서 모시러 왔다. 삼장법사가 이들에게 말했다.

"저희들이 지나친 사랑과 은혜를 입고 있습니다. 오

늘 저녁은 여기까지 하고 내일 아침부터 다시 초청에 응하도록 하지요."

시간은 이미 깊어 밤이 되었다. 삼장법사는 누대 아래에 앉아서 불경의 곁을 한시도 떠나지 않았다. 시간이 바야흐로 삼경이 될 참이었다. 삼장법사는 조용히 제자를 불렀다.

"오공아, 여기 사람들은 우리가 도를 이루고 사업을 완수한 걸 알고 있구나. 옛날 말씀에 '진인眞人은 그 모습을 드러내지 않고, 얼굴을 드러낸 자는 진인이 아니다'라고 했다. 아마도 오랫동안 감출 수 없을 것 같으니 큰일을 망칠까봐 두렵구나."

행자가 대답했다.

"사부님의 말씀에 일리가 있어요. 밤이 깊어 사람들이 모두 잠에 빠졌으니, 이 기회를 틈타 떠나시지요."

팔계도 낌새를 알아챘고 오정도 스스로 사정을 알았다. 백마도 그 뜻을 알아차렸다. 그리하여 이들은 몸을 일으키고 조용조용 경을 말 위에 신고, 짐을 메고, 회랑을 거쳐 바깥으로 나왔다. 산문에 도착하니 문에 자물쇠가 걸려 있었지만 행자가 자물쇠를 푸는 주문을 외어 대문을 열었다. 이들은 동쪽을 향해서 걷기 시작했다.

6-9.
장안으로 돌아온 삼장법사

그때 공중에서 팔대금강이 부르는 소리가 들려왔다.
"도망가는 자들이여, 나를 따르시오!"
공중에서 은은하게 향기 나는 바람이 불어왔다. 삼장법사는 그 바람에 자신의 몸이 공중으로 붕 뜨는 것을 느꼈다. 팔대금강은 삼장법사 일행을 하루도 채 지나기 전에 당나라로 보내주었다. 점차 장안長安이 보이기 시작했다. 당 태종 정관 십삼 년 구월 십이일에 삼장법사가 장안을 떠났으니, 십육 년이 걸린 셈이었다. 당 태종은 그를 보낸 이후로 관리를 보내어 장안성 서쪽에 망경루望經樓를 지어서 삼장법사가 언제 돌아오는지를 살피라고 일렀다. 자신도 해마다 친히 이곳에 와서 살폈다. 마침 이날 태종은 수레를 타고 망경루에 와 있었다. 홀연히 서쪽 하늘이 상서로운 기운으로 가득 차더니 향기로운 바람이 불어오고, 공중에서 멈추라는 금강의 소리가 들렸다.

"성승, 이곳은 장안성이오. 우리는 내려가기가 좋지 않소. 여기 사람들은 영리하여 나의 모습이 발설될까 두렵소. 제천대성을 비롯해 제자들도 모습을 드러내지 않는 것이 좋겠소. 그대 혼자 가서 불경을 그대의 주인에게 전해 준 뒤 즉각 서쪽으로 돌아갑시다. 나는 이 구름 속에서 그대를 기다렸다가 그대와 함께 천축국으로 돌아오라는 명령을 수행하겠소."

제천대성이 말했다.

"존자의 말씀이 비록 합당하나, 사부님이 어찌 이 무거운 경전을 혼자 짐 지고 가실 것이며 이 말을 끌 수 있겠소. 우리가 함께 가야 하오. 그대를 공중에서 기다리라고 해서 미안하오만, 양해해 주기 바라오."

금강이 말했다.

"전날 관음보살이 석가여래에게 말씀하시길, 오고가는 것을 여드레에 꼭 마쳐서 대장경의 숫자에 맞추라고 하셨소. 아직 나흘의 여유가 남았으나 팔계가 부귀를 탐하다가 기한을 어기지나 않을까, 그것이 걱정이오."

팔계가 웃으면서 말했다.

"사부님도 부처가 되고, 나도 이제 부처를 이루기를

바라고 있는 처지에 어찌 욕심을 부려서 일에 지장을 주겠소! 여기서 나를 기다리시오, 내가 경을 전해 주고 돌아와서 꼭 그대와 같이 서쪽으로 가고 말 테요!"
팔계가 짐 보따리를 메고, 오정이 말을 끌고, 행자가 삼장법사를 부축했다. 이로써 구름에서 내릴 준비를 마쳤다. 금강은 그들을 망경루 옆에 내려주었다. 태종은 많은 문무 관료들과 함께 삼장법사 일행이 공중에서 내려오는 것을 보고 즉시 누각에서 내려와 맞이하면서 말했다.
"동생, 왔는가?"
삼장법사가 몸을 구부려서 절을 했다. 태종이 그를 부축해 일으켜 세웠다. 그러고 또 물었다.
"이 셋은 누구요?"
삼장법사가 대답했다.
"길을 가는 노중에 만나서 거둔 제자이옵니다."
태종이 크게 기뻐하면서 시종에게 명령을 내렸다.
"가마를 준비해라. 법사는 말을 타고 나와 함께 조정으로 갈 것이다."
삼장법사는 감사의 인사를 하고 말에 탔다. 제천대성은 여의봉을 쥐고 그 뒤를 바싹 따랐다. 팔계와 오정도 말을 끌고 짐을 메고는 수레의 뒤를 따라 장안으로 들어갔다.

6-10.
취경을 마치고

팔대금강이 향기로운 바람을 몰아 삼장법사 일행을 다시 영산으로 데리고 갔다. 동쪽의 당나라로 갔다가 다시 서쪽으로 오는 일이 모두 여드레 이내에 이루어졌다. 이때 영산의 여러 부처들은 석가여래의 법문을 듣고 있었다. 팔대금강은 삼장법사 일행을 데리고 안으로 들어가 석가여래에게 고했다.

"제가 명령을 받잡아 성승 일행을 당나라에 보내 경전을 전해준 뒤, 다시 이들을 데리고 왔습니다."

삼장법사 일행은 석가모니 앞으로 나아갔다. 석가여래가 말했다.

"삼장법사야, 전생에 너는 나의 두번째 제자였느니라. 이름은 금선자金蟬子였지. 네가 불법을 듣지 않고 나의 가르침을 소홀히 하였기에, 너를 아래 세상으로 보내어 동쪽 나라에서 윤회하도록 했단다. 지금 너는 기쁘게도 불문에 귀의했을 뿐만 아니라 가르침을 잘 지켜 불경을 구하여 동방에 전하는 일을 성공했구나. 이에 너의 직책을 크게 올리고 정과를 인정하여 너를 전단공덕불旃檀功德佛로 삼겠다.

손오공아, 너는 천궁에서 크게 소란을 피운 죄를 저질렀기에 내가 법력을 써서 오행산에 가두었느니라. 다행히 너는 하늘의 벌을 다하고 불문에 들어왔구나. 네가 악을 없애고 선을 널리 폈으며, 삼장법사를 모시고 가는 취경길에 요괴들을 무찌른 공이 있으니, 너의 직책을 크게 올리고 정과를 인정하여 너를 투전 승불鬪戰勝佛로 삼겠다.

저오능아, 너는 본래 은하수의 수신水神으로 천봉원수天蓬元師였다. 네가 반도대회蟠桃大會에서 술을 마시고 항아姮娥를 희롱한 죄로 너를 아래 세상으로 보냈단다. 짐승의 태를 얻었기에 그런 모습으로 태어났지만, 다행히 너는 사람의 몸을 그리워하였지. 복릉산 운잔동에서 나쁜 짓을 하면서 살았지만, 기쁘게도 우리 불문으로 들어왔구나. 성승을 모시고 길을 가고자 했으나 어리석은 마음은 여전했고 색정도 다 없어진 건 아니구나. 하지만 네가 긴 여정 동안 짐을 메고 간 공이 있으니, 너의 직책을 올리고 정과를 인정하여 너를 정단사자_{净坛使者}로 삼겠다."

팔계가 주둥이를 쭉 내밀고 중얼거렸다.

"다른 자들은 모두 부처가 되었는데, 왜 나만 정단사자가 된 거요?"

석가여래가 말했다.

"왜냐면 너는 주둥이가 크고 몸도 게으른데, 위_胃는 크기 때문이지. 천하의 사대부주_{四大部洲}에는 우리 불문을 우러러 보는 자가 많단다. 무릇 불사에서 네가 정단 일을 맡으면 제물로 올려진 모든 것을 다 맛볼 수 있단다. 어떠냐, 좋지 않겠느냐?

사오정아, 너는 본래 권렴대장_{卷帘大将}으로 반도대회에서 유리잔을 깨뜨렸다는 죄목으로 아래 세상으로 폄적되었다. 유사하에 떨어져 생명을 해치고 사람을 잡아먹는 나쁜 짓을 저지르고 살았지. 다행히 불문에 귀의하여 성심으로 불법을 따랐고 성승을 보호했으며 말을 끌고 길을 가는 데 공이 있으니, 너의 직책을 올리고 정과를 인정하여 너를 금신나한_{金身罗汉}으로 삼겠다."

그런 뒤 석가여래는 백마를 불렀다.

"백마야, 너는 본래 서해 광진용왕_{廣晋龍王}의 아들이다. 너는 부친의 명을 어기고 불효죄를 저질렀다. 다행히 우리 불문에 귀의하여 매일 삼장법사를 태우고 서쪽으로 갔고, 또 이번에는 불경을 싣고 동쪽으로 갔으니 역시 그 공이 크다. 너의 직책을 올리고 정과를 인정하여 너를 팔부천룡八部天龍으로 삼겠다."
여러 부처님들은 석가여래의 큰 법을 찬양했다. 손행자가 삼장법사에게 말했다.
"제가 이미 부처가 된 것은 사부님과 같사오니 이 긴고테를 계속 쓰고 있는 게 말이 되겠습니까! 사부님께서 머리테를 죄게 하는 「긴고아주」를 외서서 저를 경계시켰으니, 이제 「송고아주」松箍兒咒를 외어 이 머리테를 풀어 주십시오. 이 머리테를 벗으면 가루로 만들어 비려 다시는 관음보살이 이것으로 다른 사람을 못살게굴도록 하지 않겠습니다."
삼장법사가 말했다.
"그때는 내가 너를 다룰 수 없어서 이것으로 너를 제어한 것이야. 지금은 이미 부처가 되었으니 저절로 사라지고 없단다. 어찌 너의 머리에서 그것을 찾느냐! 머리를 한번 만져 보아라."
행자가 손을 들어 머리를 쓰다듬어 보았는데, 과연 머리테는 사라지고 없었다. 이로부터 전단불, 투전불, 정단사자, 금신나한은 정과를 얻어 본래 자기 자리로 돌아갔다. 용마도 진짜 자신의 모습으로 돌아갔으니, 이를 증명하는 시가 있다.

모든 진여가 속세에 떨어졌다가, 사상四相과 화합하였기로 다시 몸을 수행하게 된 것이네.
오행을 색色으로 따져 보면 공空이자 적막[寂]이니, 온갖 기이한 것들의 헛된 명성도 논할 것이 못 되네.
정과를 이룬 전단불栴檀佛은 큰 깨달음으로 돌아가고, 품직을 완성하여 타락[沈淪]에서 벗어났다네.
천하에 경전을 전파하니 그 은혜로운 빛 충만하고, 다섯 성인은 불이문不二門(불문)에 거하게 되었네.